U0032281

教養相對論
先懂孩子再懂教
當葉問遇到唐老大會問的13個教養難題

葉問 / 董胤程　　唐老大 / 黃正昌

黃正昌、董胤程/著

作者序

　　我從事家庭親子教養培訓事業多年，常常遇到學生問我各式各樣的問題，其中夫妻關係與親子問題是最多人問、也最讓人頭痛的。

　　很多人覺得，原本他的生命過得很好，但是結婚後會突然發現，怎麼對方會反映出自己的陰暗面，這時候他就會發現生命的痛苦。

　　如果結婚後還沒有去碰觸到，那或許生孩子可能會碰觸到，因為潛藏在潛意識裡面的陰暗面，「結婚生子」這兩個情形最容易挖出來……

　　有沒有發現配偶跟孩子最容易惹毛你？

　　為什麼別人不一定會惹毛你，但這兩種人隨便就可以踩到我們的地雷？

　　因為原生家庭的遺毒，遇到配偶跟孩子時，最容易把毒素呈現出來。

　　「衝突」才能夠把毒素顯現出來。

而「學習」，就是「排毒」。

要「排毒」，才能面對幸福。

而這本書就是要讓大家排毒的！

本書要讓大家知道，「**壞掉的大人**」是帶不好「**受傷的小孩的**」。

要解救受傷的小孩，要先療癒壞掉的大人。

本書更要讓大家知道，**男人如果不參與孩子的教育，女人會有多辛苦！**

透過另外一位優秀的作者胤程，以對話的方式，呈現東西方及老一輩親子價值觀的不同。利用各種日常生活裡常見的各種劇情，巧妙帶出種種的問題。細細讀來除了戲劇效果十足外，更能夠讓親子問題迎刃而解，豁然開朗。

想要輕輕鬆鬆學會教養孩子嗎？

想要家庭更幸福美滿嗎？

泡杯咖啡，放點音樂，坐舒服一點，就讓我們帶你進入本書的奇妙旅程吧。

美門企管顧問公司執行長　黃正昌

作者序

　　當了快 13 年兩個男孩的爸爸，就算不是大師級，也算得上達人等級了。

　　打從我家老大還在媽媽肚子裡，我們夫妻倆就開始在聊孩子的教養問題了：小孩幾歲開始唸故事？小孩吃飯的規矩要怎麼訂？小孩在外面大哭要怎麼做？甚至於會聊到如果兒子將來跟我們出櫃我們要怎麼應付⋯⋯

　　好多好多的狀況題，讓我跟老婆永遠聊不完。（是的，爸爸參與育兒的討論，對婚姻絕對有幫助。）

　　但，育兒過程有沒有抓狂？（有）。

　　有沒有想揍人？（有）。

　　有沒有想放棄？**絕對沒有！！！**

　　因為孩子是自己的，自己生了就要自己養、自己養了就要自己教。

　　這個世界很大，父母能為孩子做的有限，唯一能做的，就是幫孩子建立起做人的基礎，就是「愛」與「尊

重」。這些沒有理論基礎、教戰守則，靠得是夫妻倆常常聊天碰撞出來的小秘技。

現在孩子大了，我們也累積了不少實戰經驗（當然也包含慘痛經驗），各種大小問題對我們來說，雖然不一定是輕鬆搞定，但至少可以有個大小都可接受的結果。一路以來的過程實在很有趣，而這些心得一直很想整理出來與大家分享，但卻一直沒有辦法把這些想法做有效的整理。

書店裡親子教養類的書成山成堆，我總是好奇：教養相關書籍那麼多，為什麼親子教養的問題還是那麼多？追根究柢，就算使用說明書寫得再詳盡，該怎麼用，使用者的問題還是最大因素。所以不是書寫得對不對，而是看的人會不會。原來教養的關鍵是在爸媽身上，而不是孩子。

因緣際會跟著昌哥學習生命成長，無論是生活、事業、家庭……都讓我有更深一層的看見與覺察，也因為合作 Youtube 頻道，成為了合作的好夥伴。2018 年的大年初二，就在跟昌哥拜年的電話中，聊到了我想把這些心得出書，但是沒有頭緒的想法。昌哥聽完毫不猶豫的說：

「兄弟，我挺你。我可以跟你一起出。」

這真是上天的恩典（發誓我絕對不是拍馬屁）。

第一、我非常認同昌哥的教養觀點，總是可以讓我修正很多在教養上的做法，讓親子關係更融洽；

第二、昌哥極擅長整合，把我之前無法整理的想法，透過與昌哥的腦力激盪，完整化成文字呈現。能跟昌哥合作一本書，真是何其有幸，更十分感謝昌哥的眼光與信任。

　　這是一本有別於一般親子教養寫法的書籍，可以當作像短篇小說一般休閒輕鬆的閱讀；也可以當作工具書，從字裡行間找到適合自己在教養孩子時的「心法」，希望你們喜歡，最重要的是，希望能夠幫助你們在教養中所遇到的難題找到一些方向。

　　最後要感謝我的爸媽、及我兩個可愛的寶貝兒子、還有一直在我身邊直持我寫下去的老婆，因為有你們的支持與無條件的愛，才會有這本書的誕生。

　　感謝上帝。

　　我愛你們。

董胤程　2019.04.

推薦序

很高興也很佩服，正昌又要出書了！

正昌透過老婆陳妮妮的引薦，加入我生命工作的學習已有三年多。妮妮結婚前在台南早已是我的學生多年。正昌很好學，對生命的課題非常敏銳，上課中、下課時他經常提出他的困惑，打破砂鍋問到底。一旦他明白了事理，他更是一個實行力超強的人，因此不論在自身的習慣、作為上，或是在家庭關係上創及履及的運用他所學習到的觀念和方法。

談到他即將出版親子關係相關的書籍，我覺得近年來他和四個孩子的互動，有諸多感人的事件和經歷，這本書一定可以提供對親子關係有困難、有需求的人很驚奇的效用！

在此要特別推崇正昌兩個方面努力和成效：夫妻關係和內在關係。

夫妻關係是親子關係的土壤和根本。正昌、妮妮是重組家庭，正昌前妻過世留下三個孩子，妮妮帶著六歲的兒子嫁給正昌，這是絕對難搞的家庭關係，夫妻關係、親子關係一團混亂，兩人衝突不斷、關係幾次瀕臨破裂。然而，透過學習、透過信仰，他們經歷了煉獄般的錘鍊，終於重生有如浴火鳳凰，也讓他們在親密關係上成為許多人的陪伴者、支持者！

親密關係的關鍵為內在關係，即為個人成人力量和內在小孩的關係。

個人情緒和對生活層面的執著很多是來自童年經驗所受到的驚嚇、羞辱、虐待等傷痛。成長後，這些傷痛躲在陰暗處操控著我們對事情的理解與反應。正昌早先有嚴重的內在困難，根本不曉得內在關係是什麼，但在課程中學習到之後，就不斷的練習，真實改善自小最痛苦的受傷關係，也勇敢的面對童年與父母的關係等等。這些年，他反覆運用在許多演講場幫助非常多的人。

總而言之，他要出書，絕對是一件美好的事情，讓他的成長能夠嘉惠更多的個人和家庭，祝福無限！

台南市家庭情緒智商發展協會創會理事長　劉仁州老師

很驚喜地知道最囉嗦的生命教練黃正昌（昌哥）要出版親職教育的書籍，更開心的是他竟然要找我寫推薦文！

昌哥雖認識沒幾年，但是他的學習力和實踐力都令我十分欽佩。

他是一位金牌生命教練，幫助很多學員生命成長、克服人生難題，他也親身示範學無止境的道理——向我和其他心靈成長講師學習——並帶著他的學員一起來向我們學習，這令我十分感動。我有幸先看了本書的原稿，筆法十分活潑親切，是出自本書的另外一個作者，董胤程之手，他是我和昌哥的學員，是非常積極上進的年輕爸爸和生命工作者。

本書的風格獨特，透露書中的二位主人翁——糖老大和業師父的對話——一些常見卻十分困擾家長們的親職教育問題精闢分析，並且提出具體可行的方法，真的是一本非常棒的親職教育書籍，十分值得為人父母者和教育者用心品味一番。

我認為書中的糖老大就是生命成長後的昌哥本人，而業師父則像是尚未生命成長的昌哥，兩個自己透過對話的方式，看見昌哥自己一路以來的學習與成長。昌哥能夠做到，相信各位家長也一定能夠做到。喝！

讓我們跟著書中的糖老大和業師父一起練親職教育的武功吧！

台南市家庭情緒智商發展協會前理事長　龔萬侯 老師

認識正昌已超過十年，一開始認識他時，就被他的風趣幽默給吸引。和他近距離相處之後，更發現他博學多聞，才華洋溢。所以在他陸續出書，也就習慣拜讀他的著作，我非常佩服他的生花妙筆，更欣賞他的文字之妙，所以也就喜收藏他所出的每一本書！我兒子也因為看了他的書，而被啟發了不少觀念喔！

我本身都用身教來影響我的孩子，我的孩子說，我們親子之間，最棒的地方就是我給了他們很大的空間，也就是自由。其實這點也是來自正昌與我分享的觀念。他曾經在演講中提到，東方家庭的父母親都喜歡把自己的孩子和別人相比，這對孩子而言其實會產生自卑感等。所以我相信他這次出的書一定會和他的演講相呼應，此本書一定也可以提供給很多父母親很好的經驗參考。

他山之石可以攻錯，正昌這本書分享了很多與親子間的互動，此書將適用於每個人，也一定能提供給讀者一些良性的建議！

光科技國際股份有限公司副總經理　翁子晴

　　我的好朋友黃正昌先生，來自一個典型的台灣家庭，接受了台灣家庭的一切教育內容。

　　父親是家庭中的權威者，一切事情都似乎難不倒他，生性樂觀，吃苦耐勞，教育態度開放，有海洋子民海闊天空的壯志，我做不到的事情不代表我的下一代做不到，讓孩子盡量去發揮。母親是典型的台灣女性，完全沒有自我的意識，心中一切只有丈夫和孩子，她願意犧牲所有的一切去使家人幸福，幾乎沒有自己的需要，一切就是為了家人的好處去生活。

　　這就是本文作者的原生家庭，因為有這麼好的一對父母，到目前為止，任何一個孩子突然回來這個家裡，一定會有飯吃，不必擔心回家沒人招待你，目前三代同堂和樂融融的，讓人感覺跟這家人相處是很快樂的。

　　這些內容造就了本書作者樂觀的人生態度和他的教育方式，他大學畢業後嘗試過各種不同的行業，去發掘開創自己的人生道路，直到他經過許多生命的操練過程，漸趨成熟，他盡樂觀的態度去分享他的生命體驗，盼望自己成為別人的祝福！

　　我特別推薦這本書給大家，裡面的內容盡是他真誠的一面！

國光教會牧師　戴坤益

　　看到這本書內容，忍不住一頁翻過一頁，內容所描述，生活上的親子關係，確實很多時候真實上演，很貼切感受良多。

　　深深感受到，原生家庭的生活確實影響著下一代，沒有學習的父母，造成小孩多大的困擾及影響。如何做個有學習的父母，我真的佩服及感動，昌哥在親子關係中，從一個權威式的管教，轉變成用溝通、尊重孩子的方式，並且能為自己當年管教不當的行為，在孩子面前承認，對孩子說抱歉，感受到身為一位爸爸，能將權威放下，用同理心去感受孩子當時受傷、不被允許的情緒，並真誠的向孩子道歉，這是多麼不簡單的一件事，深深讓人感動。

　　也因有這麼一位讓人敬佩的學習對象，讓我看見自己在學習之前，也經常干涉小孩的作法、想法及選擇，只因我是媽媽，全都是為了你好，單方面的想法，強勢的給孩子，並沒有去了解孩子真正的需要，到最後就是無法溝通，距離越來越遠。

　　在昌哥身上看到如何尊重孩子，並給予表達的機會，說出心中的想法，雙向進行溝通，了解需求，和諧的創造出，親子之間都能接受的方式。

　　有著能學習的父母，孩子才是幸福的。沒有學習的父母，容易造成

孩子的災難。昌哥是讓人值得學習的對象。我也從孩子口中的神經病媽媽，變成有溫度的媽媽，謝謝身邊有這麼一位，亦師亦友的老師。

佐登妮絲副總　王美淳

恭喜昌哥，賀喜昌哥！第四本大作要出版了！

回想初認識昌哥，是在一場演講場合，昌哥深入淺出加上生動有趣的演說，台下歡笑聲不斷，絕無冷場！昌哥不只口才好，能說善道，更是多才多藝，文筆流暢，旁徵博引，文采不在話下！前幾本大作，除了討論如何發揮正能量，還探討男女之間的相處之道！現在出版的，將探討親子教養之道，想必又是令人期待與驚豔的鉅作！讀者們千萬不要錯過的一本好書！

台灣知名男演員　王中皇

我和昌哥結識於幾年前的一個分享會，他說話風趣且演講內容貼近我們的日常生活，很快我就成為鐵粉持續跟昌哥學習。最讓我佩服的是，雖然已身為大師級的講師但仍不斷學習成長、無私的將所學傳遞給學員。

我自己有三個小孩，坦白說我跟太太也是在毫無學習的狀況下就開始父母的角色，平常教育孩子的方式很多是承襲來自自己的父母，因此明白原生家庭對於我們每一代的影響真的很深遠。

這次透過昌哥的新書讓我跟太太學習到原來用不同的方式來引導孩子，結果竟然會有這麼大的差異。

本書真的值得每位家長好好細讀，因為透過學習才有機會改變，因為願意改變才有機會變得更好，我真心推薦！

新禾產後護理之家執行長　李國寧

昌哥的教學領域一直在擴展，在國內外課程密集邀約下，能產出第四本書更是創新呈現。透過「糖老大」及「業師父」兩位背景豐富的功夫奶爸之對話來展開華人教育省思。

台灣教育一直以來是以「權威式教育」，加上「萬般皆下品，惟有

讀書高」的觀念。隨著時代變遷，後者觀念已能接受「一技在身，受用無窮」，也因著少子化之故，權威式教育逐漸加入民主意識。然而長輩的期望還是整體教育基礎「我是為你好」著實影響社會發展。如果父母有正面身教，兒女的發展或許有成就；若父母行為偏差，孩子一定受影響，進而造成社會問題。

　　昌哥的新書內容以範例為開端，藉由對話來開啟正面教育的啟示，說明身教對培育下一代的重要，適合現代父母、老師及企業主管閱讀並應用，有利於各式教育之觀念傳承及行為導正，實在值得推廣！

　　　　　　　　　　　　　　彭賢禮皮膚科診所　王儷華　副理

　　在談親子教養與溝通的課堂中，參與的學員多半是媽媽，爸爸通常都是少數的一二位。而在療心卡陪談師的訓練中，也是如此。本書的兩位作者，可是不一樣的父親！昌哥支持太太，盡情發揮專長，成為療心卡的認證師資。胤程則是親自參與課程，成為療心卡的認證陪談師。

　　昌哥的幽默與活力，影響了很多人的改變。而一個人的改變，小則影響他的原生家庭，大則甚至影響他的下一代。

　　胤程的溫暖與認真，也同樣見證了一位父親可以成為太太與孩子心靈的支柱。

　　從兩位爸爸身上，都看見了身為父親，除了事業的發展，更可以透過自我的學習成長，帶來家庭的幸福。

　　兩位一起出書，自然是把這些年的經驗，可以化為文字，影響更多人！尤其這不是一本教養的教科書，而是透過兩位主角的對話，平易近人地傳遞親子相處的實務作法。看著看著，好像是兩位大俠在眼前談論家庭的經營之道。

　　如果忽略或輕視家庭這樣的小江湖，爸爸們，就算在更大的江湖（事業上）有所展現，其實到最後，也不免失落跟遺憾啊！

　　恭喜兩位奶爸，也恭喜有幸閱讀本書的讀者！

　　就讓我們一起學習親子教養的真功夫吧！

　　　　　　　　　　　　現任社團法人台灣文創牌卡教育推廣協會理事長
　　　　　　　　　　　　療心卡原創導師　周詠詩

胤程與我是大學沒有交集的同班同學（會不會太誠實），卻因教養之路搭起了我們之間的橋樑。

　　我默默的追蹤他在社群網站上寫下那些與孩子互動的故事，心中非常羨慕他的太太；這樣的老公、這樣的爸爸在世界上可以說是瀕臨絕種了。

　　這回，他決定寫下他自己摸索出來的一套「親子互動學」，讓我很驚豔。他沒有特殊教育背景，也沒有崇尚任何學派，他就是他自己——身為一個爸爸，第一線與孩子深刻相處的家長——寫出他的經驗他的感受。

　　看著他和孩子的互動與孩子的反饋，你會相信他說的都是真的，是我們做得到的，不是冠冕堂皇的那種。而且他用了一個劇本對話形式完成，就像是朋友們之間的對話被記錄下來那樣自然簡單。

　　好，同學的第一本書，我的第一次寫序的經驗都在這裡完成了！

　　謝謝大家，希望透過這本書為大家帶來美好的體驗。

苗栗森林小屋親子繪本遊戲空間主人
林國瑋，育有一兒一女

　　「天佑良善之人」是擔任親子講師的科技奶爸，在講座前都以這句話作為開場白。親子溝通是許多父母想學習的專業，但往往透過昌語錄的傳達，更能心領神會，感謝昌哥的課程，讓我在和父母們分享時獲得更多掌聲。

　　欣見昌哥第四本新書上市，不僅生活化觀念傳達，更特別是以男性角度來看家庭親子關係。智慧的好爸媽就是《懂得選擇》——閱讀好書、照顧健康——現在就從買下昌哥這本好書以及穀豆元氣開始吧！安心實在真幸福，開啟幸福美滿家庭之鑰。

大勳設計企業社　總經理陳志豪

目錄

緣起

糖老大

曾經為了「公理及正義」在公路狂飆、油門緊催、出生入死的糖老大，決定拋開一切，回歸平靜，無怨無悔。

拋開曾經精彩的動機，在於他發現，在街頭打打殺殺、目無法紀的人，背後都有一些不為人知的難解原因，特別是來自原生家庭的影響。出自於問題家庭的孩子，大多傳承父母的方式，就算不是打打殺殺，也脫離不了吵吵鬧鬧，酗酒、賭博、虐待、性侵……他們都曾經是童年的受害者，在沒有正確的方式引導、抒發情緒，長大後誤入歧途。就算沒有交到壞朋友，也很容易把上一代的教養方式，直接複製貼上到下一代身上，就這樣一代傳一代。

為了降低犯罪率、減少家庭暴力，以及避免孩子誤入歧途，「家庭」才是根基。他下了決定，與其以一己之力打擊犯罪，不如從幫助家庭走出陳舊與錯誤的牢籠開始，透過學習及輔導，原本逞凶鬥狠的唐老大，走入了家庭教育輔導領域，變成孩子喜愛、父母信任親切的「糖」老大。

業師父

曾經在擂台叱吒風雲，「一個打十個」的業師父，見過太多人與人的爭鬥。他決定放下輝煌，不再懷念。

之所以做出這樣的決定，是因為發現自己過去一直在外南征北討，卻忽略給家人最完整的愛與關懷。因此找了地方開間拳館，專門教導孩子拳法、基本功，不再與人相鬥。他認為，孩子是國家未來的棟樑，品行武德必須要從小開始，透過練武過程的應對進退、穩紮穩打就是給孩子最好的品格淬煉。

但教了一陣子的拳，他發現，在社會的進步下，不但孩子跟傳統不同，連學校、社會、甚至家庭的教育方式也都不同了。自己是否該在思維上轉變，不能再被傳統教條制約，卻又不知如何融入現代社會，讓他十分苦惱。

因緣際會下，這兩人在偶然機會中成了鄰居，英雄惜英雄成為了莫逆之交，糖老大與業師父兩位功夫奶爸的對話就這樣在日常展開了……

第一篇

父母歧見

01

父母歧見

　　這天一如往常，孩子放學後來到業師父的拳館，寫了功課、練了拳，等候父母下班後接孩子們放學，個個興高采烈的跟著爸爸媽媽，映著夕陽與星星交織的天空，踏著愉快的步伐回家了。

　　就在孩子們都走得差不多時，一位就讀小學五年級的男孩母親來到拳館，憂愁滿面和業師父說了些話。語畢，和孩子一同向業師父鞠了個90度的躬，牽著孩子的手，消失在暮色的街道中。業師父望著這對母子離去的背影，輕輕地搖了搖頭，轉身關上拳館的門，往回家的路走去。正好遇到正在門前維修愛車的糖老大，拱手打了個招呼……

糖老大 嗨，業師父。怎麼啦？看你一副心事重重的樣子，是不是哪個學生又讓你頭痛啦？（笑）

業師父 晚上好啊，糖兄。是啊，還真的心裡有點事正想找你聊聊，想說你對於一些家庭問題的輔導有很經驗，想跟你請教請教。不過，這次請教的問題不是孩子，而是孩子的爸媽。

糖老大 孩子的爸媽？聽起來好像挺嚴重的啊？

業師父 哈哈，嚴重不至於，倒是父母親的問題如果影響到孩子的發展，那就真的不太好了。我就是為了這個而煩惱啊。

糖老大 好，沒問題。我車子也弄得差不多了。業師父先回家吃個晚飯，等下來我家聊吧。

糖老大蓋上了引擎蓋。

晚飯後，業師父出門拜訪糖老大，兩人在客廳坐下後，糖老大把從廚房跑出來抱住自己的小女兒，抱坐到自己腿上。

業師父 （微笑的）在我父母的年代，父母跟客人或長輩說話的時候，我們總是躲得遠遠，不敢接近大人一步，深怕被爸媽臭罵一頓，只敢在旁邊偷聽呢。

糖老大 喔？是嗎？為什麼會這樣規定？

業師父 為什麼？我想是傳統觀念吧。我家是屬於比較守舊的家庭，特別注意禮節，對長輩要問好，應對進退要有禮貌，大人說話不許插嘴……之類的。你們父母難道都沒有這樣規定嗎？

糖老大 規定？為什麼要那麼多規定？你說的是你的父母，那現在你跟你老婆對孩子的方式也是一樣嗎？

業師父 是啊，大同小異。我們認為孩子是需要有規矩和禮貌，當然更不能插嘴啊。

糖老大 對我們家來說，家是講愛的地方，不是講規定的地方，當然我們對孩子一樣有生活上的基本要求，但還是以讓孩子做自己為原則吧。什麼禮節啊、問好啊……其實我們大人怎麼做，小孩也就怎麼做了，不是嗎？

業師父 這是不是就是人家說的「言教不如身教」？

糖老大 是啊，就是這個意思。你今天本來要問我的問題是什麼呢？

業師父 唉呀。聊著聊著就忘了問我要說的問題了。（笑）是這樣的，我有一位讀小學五年級的弟子，身體資質很好，但就是功課不好，這讓他的父母傷透腦筋，也因此常常爭吵。媽媽希望他能繼續學習武術防

身，也可以讓身體更強壯，雖然成績不好，但畢竟還只是國小，應該好好享受童年生活，不應該被課業壓得那麼重，這樣孩子太可憐了。若要加強功課，等上了國中也不遲。

但爸爸卻認為，孩子不應該輸在起跑點，孩子還小，就是父母的責任，要好好的督促功課，讓他得到好成績，將來才有本錢去應付各種挑戰。功課不好，就是因為花了太多時間在不必要的學習上，不如把時間放在複習功課上，若是縱容孩子，只會讓他未來沒有競爭力。

今天這位媽媽來告訴我，在他們家所有事都是爸爸說了算，以夫為天，任何事只要是聽丈夫、爸爸的話就對了。所以最後根本沒有討論的餘地，就是要把孩子帶去加強功課，以後沒辦法再繼續練拳了。

糖老大 看來這個媽媽和孩子都只能接受丈夫這樣的安排了。但是業師父，這件事情不是常常在你們那裡發生嗎？學生總會來來去去的，怎麼今天會給你那麼大的困擾呢？

業師父 原本我是不以為意的，但聽到這位媽媽提到他們家一直都是以夫為天，男人說了算，但看到他們母子無可奈何卻又失落的表情，這讓我想到，我的家庭

也是以這樣傳統的思想延續下來，但是，這樣的想法，是不是在現在的社會已經不適用了？難道父母親跟孩子沒有更好的溝通方式嗎？這件事讓常處在傳統觀念的我，實在不知道要如何思考。所以今天才會來請教你。

 ## 父母意見不同時到底要聽誰的？

糖老大　東方的傳統思想是重男輕女的，但在西方，講的是「Lady first」。

業師父　「Lady first」？

糖老大　就是尊重女性，女士優先的概念。尊重女性也是獨立的個體，並不是男性的附屬品。女性有女性的自主權、發言權、決定權……所有男性該有的權利，女性也都應該有，而且權力一樣大。

業師父　這就是最近常聽到的「兩性平權」囉？

糖老大　是啊，無論在國家、社會、工作場所、家庭、甚至夫妻關係都一樣，男人跟女人說話的份量沒有誰輕誰重的道理，只有互相尊重與了解。但這似乎不是我們今天要聊的主題，對吧。

業師父 這話題倒是很有意思，值得討論。但，是的，我們還是針對我今天的困擾聊聊吧。

糖老大 之所以會提到男女平等的問題，我想帶到的主題是，不管你是男是女，都是來自於不同的原生家庭、不同的父母、不同的成長環境及不同的際遇。一個來自農村的純樸家庭跟一個充滿金錢遊戲的股市大戶，兩者的結合本來就很違和、相互衝突。但命運就是這麼奇妙，常常把這樣風馬牛不相及的兩個人湊在一起，當然，彼此的價值觀一定也是大不相同。平常遇到好事，說真的，誰聽誰的好像都差不多；但若是遇到爭執、衝突，想法不相同，這時，到底要聽誰的話呢？

業師父 應該是要聽……學歷地位高的吧？畢竟學歷高的，知識比較豐富，處理事情也比較理性。

糖老大 學歷高的，我們可以說他的 IQ 高，但不表示他們的 EQ 就高，很多社會案件，碩士、博士犯法的比比皆是，我不是說高學歷沒有高 EQ，而是處理事情的 EQ 並不一定是由學歷決定的。就拿我來說，我學歷並不高，從修車學徒做起，今天業師父不是也來跟我請教問題嗎？難道業師父是因為我的學歷高才來找我的？（笑）

業師父　哈哈，說的也是，我來找糖老大討論，是因為你的為人與經歷，跟學歷還真的沒有關係。看來我也是被傳統觀念害得不淺啊。

糖老大　剛剛這是玩笑話，希望你別介意。我想帶到的問題是，你說的並沒有錯，也許你是因為我的為人與經歷，但最重要的關鍵是在於，對彼此的「尊重」。我說的不一定對，你說的也不一定錯。當想法不同的時候，要以誰為主，本來就沒有標準答案，不一定是「Lady first」，也不一定是「以夫為貴」，而是兩個人有沒有冷靜、理性地坐下來討論彼此的看法。如果這個問題牽扯到小孩，除了父母之外，小孩也要視年齡決定要不要邀請孩子一起討論。

業師父　這有點超出我的理解。父母不是有責任處理、決定孩子一切事物嗎？讓孩子參與討論有意義嗎？

糖老大　父母親當然有責任處裡孩子的事情，但我想說的是關於孩子的「權利」。孩子有參與和自己有關係的事件討論的權利。

業師父　這樣講我可以認同，但是你剛剛有說到「視年齡決定」，要多大的孩子可以參與討論呢？孩子不會在中間無理取鬧嗎？

糖老大　我覺得孩子在小學五年級之後，就可以開始參與家

庭的討論了。小五前的孩子，心智發展不成熟，確實有可能像你說的情況一樣無理取鬧，最後討論甚至不了了之，還是由父母來決定；但小五之後，自主性慢慢成熟，乖乖地聽話照做，開始有自己的意見了，這時該適度的讓孩子有參與感，參考孩子的意願。儘管最後的結果並不是他們能左右，但討論過程中，可以讓他們知道父母親的想法，孩子也可以提出自己的看法。這樣的過程，是可以提升孩子的自主，而不是「自溺」或「沒主見」。

小五後的孩子，我們需要把關的是，他們提出的議題與想法，是不是作奸犯科、傷風敗俗、離經叛道、或傷害自己身心的事。

例如：全家原本要一起出去吃晚餐，但孩子說他累了，不想去，只想在家裡看電視。這時候父母親如果氣沖沖地說：

「你怎麼那麼不守信用？明明說好了，怎麼又變卦？」或是，

「怎麼那麼不合群，我們是一家人，為什麼只有你一個人在耍自閉？」

你說，這不也是在討小孩的氣嗎？最後就算孩子勉強出門了，家庭的氣氛我想也不會太好。

家是講愛的地方，不是講理的地方

業師父 那麼，遇到這種狀況，父母可以怎麼做呢？他們說的好像也沒錯啊？

糖老大 我沒有說父母是錯的，你剛進來的時候，我們有聊到，家是講愛的地方，不是講規定的地方。同樣的，家是講愛的地方，也不是講對錯的地方。父母可以先以同理心來了解孩子的狀況，跟父母說希望他去的原因，而不是否定他不想去的決定。接著再給予建議，是不是吃完飯後可以找個他想去的地方走走逛逛之類的，說不定孩子就會改變心意。

業師父 如果討論後發現，孩子真的不想呢？

糖老大 如果孩子真的不想，在沒有安全顧慮的情況下，尊重孩子的決定，就讓孩子待在家又有何妨呢？
如果父母與孩子討論的結果，孩子同意了，接下來就可以由父母親繼續討論後續問題了；如果不如孩子所願，也能讓他在討論過程中知道自己不能如願的原因，培養自己被拒與受挫的能力。當然，這一切都是要在和緩的討論氛圍中進行才可以。討論問題的時候，最怕的就是互不相讓、沒有雅量去接受別人的意見，一直堅持己見，所以討論要以彼此是

可以轉換自己想法為前提。假設想法是南轅北轍、兩條平行線，也不是只有其中一方遷就、討好就是一個好的溝通或討論。討論是要看到對事情彼此的**差異點**、面對過程中的**衝突點**、還有找到解決問題的**平衡點**。如果孩子參與討論，也必須要讓孩子了解**少數服從多數**的遊戲規則。

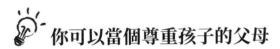

你可以當個尊重孩子的父母

業師父　我想我好像慢慢了解你的意思了，你說的重點似乎圍繞在「尊重」這個議題上。誠如你所言，小五之後可以參與討論，但是小五之前呢？要如何做到你所謂的尊重？

糖老大　我說的小五，其實是個粗略的年紀，但大致上差不多，當然還是要看孩子實際上心智成熟的狀況決定。現在的孩子一個比一個早熟，吸收的資訊又多，孩子的成熟度，父母親應該可以從生活中觀察到。至於心智上還沒有那麼成熟的孩子，父母還是可以兩個人坐下來討論出一個結果，用我前面說的一些基本觀念，事後再以平和的、非權威的方式，告訴

孩子討論這件事的過程、結果、與想法，當然還是可以聽聽孩子的感受，這樣處裡也是一種尊重。

業師父　如果父母都沒有辦法用比較理性的方式，或找不到交集點，就像我那位學生的情況，如果爸爸不願意妥協，媽媽也不願意委屈求全，這該怎麼處理？

糖老大　我認為真的走到這一步，就需要找一位「第三公正人士」幫忙處理了，但是要先說的是，爺爺奶奶、外公外婆並不是適合的人選喔。

業師父　怎麼說呢？

糖老大　因為通常爺爺奶奶、外公外婆總是護孫、護孫女心切，到最後變成三代倫理間的廝殺，就變得更難處理了。原本已經夠僵持的局面，何必把老人家拖下水，弄得更不開心，事情也沒解決呢？

業師父　也是，我倒是沒想到這個方面（笑）。但我們總是說「家醜不可外揚」、「清官難斷家務事」，找了別人來論斷家裡的事，再怎麼說都不妥吧？

糖老大　是啊，雖然是有人這麼說，但是想要解決問題，就必須要父母雙方開誠佈公的面對，如果兩個人實在處理不來，適時的「Call help」又何妨？

業師父　「Call help」？請求救援？

糖老大　是啊，請求救援。前提是要找一位夫妻都信得過的

教練或朋友來協助討論，往往可以找到溝通中的盲
點。我們很多時候的堅持，可以因為有一個公正的
中間人而找到台階下，事情反而可以加速解決。

但是東方人有幾個問題影響著自己，也因為這樣總
是不願意 Call help：

第一，面子問題。好像跟別人說了家裡的問題會很
丟臉。

第二，自覺力問題。不知道什麼才是對自己、對家
庭關係最重要的。

第三，價值觀。就像你之前提到的「以夫為天」、
「以夫為貴」這樣傳統的觀念。

第四，環境與背景。原生家庭所教育的，或成長過
程經歷的……這些交互作用，讓原本可以尋求妥善
解決問題的情況變得很困難。

業師父 聽起來是個理想狀況，但大部分的人，可能都沒有
這樣的資源或朋友可以協助，那該怎麼辦呢？

糖老大 如果真的沒有辦法，最好的方法就是父母一起學
習，看書、聽演講、參與共學課程，多聽、多看、
多學習，不論是夫妻之間的溝通、父母對孩子的溝
通，就可以掌握更好、更適合的方式來面對事情、
就事論事了。

業師父 今天聽你說的這些，跳脫了很多我常久以來一直以為的觀念，不過也讓我增加了很多想法，真的夠我好好的思考了。回去面對我自己孩子的溝通問題，需要再轉彎一下跟我老婆好好討論討論了。

糖老大 業師父，其實你也不用擔心。如果你跟大嫂也遇到這樣的事情，我就是你們最值得信任的「第三公正人士」啊。

業師父 糖老大，你真是說笑了。

　　兩人這晚的對話就在笑聲中結束。

這天，業師父和糖老大話家常。

業師父 糖老大，上次到府上請教你有關教養的事，那晚的一席話，真的讓我收穫很多。

糖老大 業師父，你太客氣了，那些只是把我在這些日子所接觸到的心得還有我自己的想法跟你分享，聽到你這樣說我很高興，希望能有幫助。對了，後來那孩子的情況如何呢？

業師父 隔天那位母親打電話來再次跟我致歉，我也把你跟我分享的內容跟他聊了一下，當然，最後他們還是聽從父親的話，把之後所有的時間投注在加強學業上。當然，這並沒有什麼對與錯，我也非常尊重他們的決定。只是這件事一直讓我耿耿於懷。

糖老大 耿耿於懷？怎麼說？

業師父 一直以來，我們接收到的教育都是父母親給我們的，他們的教育方式，也大多是他們的父母給予他們的。但是，有些教條是傷害孩子的，而我們卻理所當然的一代又一代的傳下去，曾經自己的傷痛，不但自己沒有處理，反而連本帶利的複製到下一代身上，這樣的惡性循環，實在可怕。

糖老大 是啊，這些似是而非的「毒性教條」往往害了孩子，

父母卻不知道，因為他們也是這樣被傷害長大的。
從來沒有人跟他們說過，其實很多問題，是可以有
更恰當的解決方式，但他們在無計可施下，還是用
了自己爸媽的那一套來教育下一代，久而久之，就
被這樣不當的方式制約，傷害了孩子自己也痛苦。

業師父 制約是……？

糖老大 我來講一個小故事。

有一位太太，自從嫁到夫家後，煎魚永遠都切頭去
尾的煎，在擺盤時才把魚重新擺放在一起，老公一
直覺得很奇怪，終於有天忍不住的問老婆：「老婆，
為什麼妳煎魚總是都把頭尾切掉分開煎，最後再一
起放在盤子裡呢？」

老婆愣了一下，想了想說：「我也不知道為什麼，
我來問一下我媽媽好了。」

老婆打電話問了媽媽，媽媽被這樣一問也愣了一
下，說：「我其實也不知道為什麼，我來問一下妳
外婆好了。」

媽媽也打了電話，外婆聽完就笑了。慢慢的說：
「唉唷，哪有什麼為什麼啦！不就是因為以前的鍋
子太小，不切頭切尾，怎麼煎得下一條魚咧。」

世紀大謎題解開了，其實是因為以前鍋子太小煎不

下，但最後變成了一種自己都不知道為了什麼而這樣做的習慣，而且一代傳一代，這就是我要說的。

業師父　糖老大，你這個例子舉得真是太生動了！

你說的沒錯，有時候就是這樣的制約，變成一種你所謂的「毒性教條」讓親子之間不但沒有得到良好的溝通，反而讓彼此的距離越來越遠。就因為看到這樣的情形，讓我也有了不一樣的想法。

糖老大　不一樣的想法？說來聽聽。

業師父　原本我只是置身事外，但跟你聊過之後，我發現身邊那麼多的孩子，包含我自己的，可能也都有這樣的問題。我們有意識或無意識的傷害到他們，卻不自知，雖然我的力量可以影響的不多，但總覺得自己可以做些什麼，從影響身邊的人開始。我想，是不是可以常來找你聊聊，讓我自己也開開智慧呢？

糖老大　（笑）你這樣說讓我有點不敢當，我怎麼好意思幫業師父「開智慧」呢？你太謙虛了啦。其實一開始我也是因為看到了自己和很多身邊的人，不管是誤入歧途或是傷害別人，原因都是來自於童年的創傷，而這些傷，大多是從家庭而來，所以我想，與其做所謂伸張正義的事，不如從根本做起，幫助一些需要幫助的父母與孩子，希望可以從輔導他們的

關係做起，讓這個世界可以變得更好，別看我這個樣子，我也有鐵漢柔情呢。

業師父 我們應該是「英雄所見略同」，所以才希望能有多一些時間跟你討教討教。

糖老大 那有什麼問題，只要你願意，我們當然可以多聊聊，不要說討教了，應該說是互相交流啦。

業師父 既然你這麼說，那我以後就不客氣的多帶些問題來跟你討教囉。

糖老大 那真是太好了。

第二篇

手足情深？

02 / 手足情深？

　　這天，業師父跟糖老大閒聊到兩個共同朋友，是一對雙胞胎姊妹，不但長得一模一樣，聲音也一樣，上一樣的國小、一樣的國中、一樣的高中、出國留學也念同一所大學的同個班級，巧的是，回到台灣還同時進入同一間企業，擔任同樣的職務，兩姊妹什麼都一樣，唯一不同的就是個性……

業師父　我的學生裡，有一對兄弟，哥哥做事一板一眼、有條不紊，是一個很有規矩的孩子；弟弟則是活潑好動、調皮搗蛋，倒不會惹事生非，常常惹出許多麻煩事就是了。哥哥原本也是一個外向的孩子，自從弟弟出生之後，哥哥就變得比較沉默寡言，所有的人都覺得他是因為知道自己是哥哥了，所以要變得懂事，才不會讓父母頭疼，久而久之好像哥哥也變成一種習慣，除了自己謹言慎行外，對弟弟也用高標準對待。

有一次，弟弟因為一些細故頂撞了媽媽，哥哥在旁邊聽到，就上前跟弟弟吵了起來，甚至動手打了弟弟，媽媽當場嚇傻了，也不知道該怎麼處裡，就罵了哥哥為什麼要打弟弟。哥哥氣得回答：

「弟弟做錯事，當然要懲罰他啊。」

媽媽認為就算要懲罰，也不應該是由哥哥來做，更何況是打弟弟，所以把哥哥訓了一頓，哥哥氣得衝到房間生悶氣，覺得媽媽偏袒弟弟，弟弟做錯事，為什麼不該被修理。這是前幾天才發生的事，這對母子倆到現在都還沒辦法破冰，媽媽也不知道該怎麼面對這樣的狀況。

糖老大　爸爸呢？他們的爸爸怎麼說？

業師父　爸爸是個大忙人，常常不在家，家裡大小事都是由媽媽管。傳統有個說法叫做「長子為天」。爸爸不在家，身為長子的就應該要幫媽媽分擔家裡的一些責任，我倒是覺得無可厚非。只是動手打弟弟，似乎有些太超過了。

糖老大　嗯，動手確實不對。但我從這件事情裡看到了兩個部分，常常是親子之前溝通的最大問題。

業師父　兩個部分？這不只是單純的溝通問題嗎？難道裡面有包含什麼其他的意義嗎？

孩子在家中排行會造就個性上的不同

糖老大　第一個部分，我看到的是弟弟。

業師父　弟弟？弟弟的問題不是很單純就是調皮搗蛋嗎？

糖老大　沒錯，是調皮搗蛋，但是業師父有沒有想過為什麼他會調皮搗蛋呢？為什麼不是哥哥調皮搗蛋。

業師父　這問題我倒是沒想過，倒想聽聽看你怎麼說。

糖老大　我發現，當父母生了兩個以上的孩子，很少有兩個孩子的個性是一模一樣的，甚至會南轅北轍完全相反。如果老大內向，老二通常外向，老大外向，老

二就會剛好相反。

業師父　你這麼說倒是有道理，我兩個兒子就是這樣，老大天生沉穩內斂，不是很能看透他在想什麼，老二就比較活潑外放，什麼情緒都藏不住。我們只覺得這是天生性格使然，難道這其中有什麼原因嗎？

糖老大　簡單說，就是「**渴望被看見**」。

業師父　渴望被看見？要被看見什麼？

糖老大　當然是希望自己被看到啊。這或許可以說是人類的天性吧。大部分後面出生的孩子，先天的優勢已經不如老大了，因為老大有所謂的「老大光環」集三千寵愛於一身，因為是第一個孩子，所以至少曾經會有一段時間，所有人的注意力會集中在老大的身上，給予最多的愛與照顧。

業師父　這就是大家常開玩笑講的「老大照書養、老二照豬養、老三隨便養」吧。

糖老大　哈哈，差不多就是這個意思。就是因為這樣，所以老二在成長過程中容易消失在父母親的眼中，一定要做些跟老大不一樣的事情，爸媽才會注意到他的存在，這就是我說的「渴望被看見」。

業師父　是啊，我們在教育兩個小孩的過程中，對哥哥的學習總是討論再三，但弟弟好像就是跟著哥哥就對

了。然後一個不注意，弟弟也就學會了。也不是說不重視弟弟，而是自然而然的覺得哥哥這樣，弟弟理所當然照做就對了。

糖老大 其實，大部分的父母也是跟業師父一樣，依樣畫葫蘆，把教育老大的經驗，直接移植到老二甚至老三的身上。但每個孩子都是不一樣的個體，就算是同樣的教養方式，也無法教出同樣的孩子。所以，若老二在課業上贏不了老大，有可能就會想盡辦法搗蛋，為的就是要吸引父母的注意，正所謂「老大得到的是獎狀，老二得到的都是告狀」。

業師父 沒錯，這位弟弟的成績確實沒有哥哥好。但是功課比不過老大一定會用調皮搗蛋來表現嗎？

糖老大 當然不一定，有些孩子功課比不過，就會用其他像體育、美術、音樂……之類的表現方式讓父母看到自己。但在東方有句諺語「萬般皆下品，唯有讀書高」，東方人太過於重視功課、成績，就算他們在其他方面表現得再好，也往往得不到父母親的重視與看見，這點是我覺得很可惜的。常聽到有父母告訴孩子：「會這個幹嘛？能當飯吃嗎？」、「學這個有什麼用？以後會有前途嗎？」爸媽忘了，重點不在於能不能夠當飯吃、有沒有出息、有沒有前途，

而是在於孩子能不能從中得到快樂與滿足。

業師父　乍聽之下是不錯，但就實際面來看，孩子的快樂跟滿足的確不能當飯吃啊？東方教育的確是重視課業、成績，為的就是將來孩子長大後的前途啊。只為了快樂、滿足，要怎麼應付未來現實的挑戰呢？

糖老大　業師父，請等我一下。

　　糖老大起身去拿了他的平板電腦，回到沙發上開始滑著。沒多久，糖老大似乎找到了什麼，就把平板電腦轉向業師父。

魚與熊掌可以兼得嗎？

糖老大　業師父，請問你在上面看到了什麼？

　　業師父仔細地瞧了瞧平板上面的文字。

業師父　「2016 - 2017 全球競爭力前 30 名的排名」。

糖老大　另外這個呢？

糖老大換了下一個頁面給業師父看，業師父仔細地讀著上面的字。

業師父　「2015-2017 全球快樂國家排名」
　　　　　糖老大，你給我看這兩篇資料的意思是……？
糖老大　業師父從這兩篇資料有沒有發現什麼呢？
業師父　我看到的是，台灣在競爭力的排行，雖然算是前面，但是跟其他先進國家比起來，還是有些許的差距，還有進步的空間。但我不懂的是，這跟你後面給我看的全球快樂國家排名的關聯性是什麼？
糖老大　的確，業師父說的沒有錯，第一篇全球競爭力排行的表，的確是點到了你所說的情況，之所以要拿第二篇資料來做比較，是因為……不知道你有沒有發現，雖然我們的競爭力算是排名在不算差的位置上，但跟國民快不快樂的指數上相較之下，卻是不成比例。就看一下芬蘭、瑞士、挪威、丹麥、冰島這幾個北歐國家好了，就指數來說，他們的人民是快樂的，但同時他們在全球的競爭力也是名列前茅的，不是嗎？所以越講究快樂的國家，競爭力不見得就不夠。
業師父　但他們的國民之所以快樂，也是因為他們的政治、

經濟、或是社會福利制度種種因素，造就這樣的結果，不是嗎？反觀我們並沒有這樣的條件啊？

糖老大 沒錯，這的確是需要有其他條件的配合。

但我要說的重點是，誰說有競爭力就不能快樂呢？這是另一個可以讓我們思考的面向，打破傳統的「毒性教條」，讓孩子快樂，他一樣會有競爭力，誰說「魚與熊掌不能兼得」呢？業師父，請問你參加過同學會嗎？

業師父 有的，怎麼了嗎？

糖老大 不知道你有沒有這樣的感觸，我們先不說成績好的那群「資優生集團」，有的以前在學校調皮搗蛋、嘻嘻哈哈的同學，長大之後的出路，往往不會比較差，相反的，有些還挺有成就的呢。

業師父 這麼說好像有這麼一回事，我有幾位同學在學校的時候，整天玩樂，看起來無憂無慮，功課不見得好，有些甚至還會惹老師和同學麻煩。在同學會的時候，才發現他們各個事業有成，不是當主管、就是創業做生意，混得挺不錯，他們還總是開玩笑說他們是「改邪歸正、修成正果」呢。

糖老大 是囉，你看我們自己以前的成績也不是太好，現在也是小有所成，不是嗎？

業師父　哈哈！是啦，我們做爸媽，的好像都擔心得太多了。

糖老大　對啊，擔心孩子的未來，但卻沒有關心他的當下……欸！我們好像似乎扯遠了喔！對對對，剛才我們說到「渴望被看見」這件事。

業師父　沒關係的，這樣也不錯，我還多知道了一些資訊呢。我挺喜歡這樣的交流。

我想被看見

糖老大　就請多擔待我的岔題，那我繼續說下去。
　　　　當孩子沒有被父母看見的時候，有時候會做出跟兄弟姊妹相反的事，甚至是跟自己平常相反的舉動。

業師父　怎麼說？

糖老大　我舉個例子吧。例如某天家裡有人來家裡作客，大人聊得非常開心的時候，小孩一直跑出來問爸媽：「把拔，我想尿尿。」、「馬麻，我要喝水。」之類的話，希望父母把注意力轉移到自己身上。甚至還會加上行為動作，諸如：把東西打翻、在爸媽面前走來走去、有的還會故意跌倒之類的，讓爸媽看見他們的存在。為什麼他們會有這樣的行為呢？

業師父　因為他們覺得自己沒有被看見？

糖老大　沒錯，就是這樣。之前有個蠻轟動的新聞，某藝人的小孩，在國外因為言語和持槍而被捕入獄。

業師父　這新聞我看過，媒體上報導討論的都是槍是從哪來的、這個孩子在校表現如何、爸媽的管教方式如何、為什麼沒有管教好之類的。所以你的意思是……這個孩子的行為也是因為他想要被看見？

糖老大　我覺得是可以從這個角度來看，沒有一個孩子希望自己是以捅婁子，而且是那麼大的婁子讓父母看見。小的時候保護的無微不至，要求也無所不在，一旦長大了，有能力單飛了，而且飛到了離父母那麼遠的地方，當然覺得自己非常自由，可是孩子的潛意識都是希望被父母看見的，或許是他接觸的人或環境，讓他選擇了用這樣強烈的方式表現自己，證明自己是可以做到的。他的確是做到了，也的確真的被父母看見，全家人也團聚了，不只父母，全世界也看見了。這不是最聰明的結果，但這也許是他潛意識選擇的結果。

業師父　這件事我沒有想到可以從這個方向去思考，但想想好像也是有可能，畢竟一個人的行為總是會有背後的原因跟理由。

還有什麼是你認為小孩想被看見的例子呢？

糖老大 剛剛說的那個是特例，我舉個比較常見的例子好了。業師父小時候有沒有裝病的經驗呢？

業師父 裝病？我可不敢啊！小時候每天早起練功，父親管得很嚴，一天都不敢懈怠，而且基本上身體都很好，要生病也很難，當然有曾經想過裝個病、偷懶一下的念頭，但馬上就被識破，實在是想裝也沒得裝啊。不過，我的學生裡倒是有這樣的學生，明明身體資質不錯，可是常常請病假，第二天來卻總是生龍活虎，跟爸媽送來上課的情況完全兩樣，我認為他可能是在裝病。

糖老大 我說的裝病，有時候不一定是裝的，當一個孩子莫名其妙地生病了、出意外了，這時候家人往往會聚集在他的身邊，關心他、呵護他，在孩子的潛意識裡就會種下：自己發生了這樣的事情，父母或家人就會站在同一條陣線上，久而久之連自己都不一定分得出是真病還是假病，這樣的情形尤其在家庭關係不好，或較被忽視的孩子身上發生的機率較高。這叫做「疾病利益」，也是一種被看見的方式之一。

業師父 原來生病也是會帶來好處啊。看來我這位學生可是把「疾病利益」發揮的淋漓盡致喔。

糖老大　另外，為什麼我們會很喜歡某些朋友呢？那些朋友不見得有錢有勢、不見得幽默風趣，但因為這些朋友總是會聽你說話、關心你，滿足了我們想要被看見的渴望，所以我們喜歡跟這些人在一起，這是被動接受渴望被看見的部份的部分。

業師父　被動接受？那有主動的嗎？

糖老大　主動就像剛才說的，表現出不一樣的地方，像考試考得好、工作出類拔萃……相反的，調皮搗蛋、甚至走險路……等，都是渴望被看見的表現。總而言之，孩子所做的一切表現，不論好的壞的，都是希望父母親把眼光轉移到自己的身上。

業師父　所以說，那位弟弟之所以調皮搗蛋可能是因為他天生就是比哥哥後到的，用這樣的方式希望被看見；哥哥覺得媽媽偏袒弟弟所以會教訓弟弟，這件事也是來自於哥哥同樣也希望被看見，是這麼說嗎？

糖老大　可以這麼說。

　　　　除此之外，有另一種比較極端的作法，不是做什麼，而是不做什麼。這也是一種希望被看見的表現。

業師父　啊？不做什麼也是一種希望被看見？不大了解。

糖老大　業師父，你想像一下喔，如果你兒子平常活潑愛說話，突然有一天，他整天沉默不語，一個人關在房

間，什麼都不做，是不是會讓你覺得怪怪的，想知道他發生了什麼事？

業師父　對啊，這很反常，一定會想了解一下他怎麼了，是不是受欺負了？還是什麼事情讓他心情不好了？

糖老大　但是他不是做了什麼事引起你注意，反而是不做什麼，你們卻注意到他了，對嗎？

業師父　原來如此，這段話好像已經進入哲學層次啦。

糖老大　哈哈，沒有那麼艱深啦！

我只是在說明不論孩子做什麼、或是不做什麼，其實都是想要得到父母的目光，這樣子而已。

業師父　對了，剛才你說有兩個部分，第二部分是？

孩子不是父母的資產

糖老大　另外一個部份我想說的是，最近很多人在討論的一個題目，甚至已經拍攝成電視劇，就是《你的孩子不是你的孩子》。

業師父　《你的孩子不是你的孩子》，這句話總覺得怪怪的，我的孩子不是我的孩子……難道是隔壁老王的嗎？

糖老大　哈哈哈！想不到業師父也喜歡開玩笑。

業師父　跟糖老大聊得很投機，也不需要太造作，對吧？你是怎麼解釋這句話的呢？

糖老大　傳統父母的想法是，「孩子是我生的，我愛怎麼教，就怎麼教」。但我覺得，孩子不是我們作父母的財產，孩子是上天託付給我們，我們只是託管照顧的。「孩子是自己的」這樣的想法，當然也是來自於我們的父母，甚至是我們父母的父母，一代一代傳承下來的。華人常說：「棒下出孝子」、「不打不成器」等，這些都是來自於把孩子當作是自己財產，所衍伸出的「毒性教條」。

業師父　想想，我們這一代的，小時候就是被用這樣的方式對待的，對童年的印象，大部分都是被打、挨罵、受處罰這樣的情節居多，雖然現在可以笑著帶過，但當時的我們，也是承受了很大的痛苦跟壓力。

糖老大　是啊，所以教養的觀念也是一代一代的需要更新進化的。後來西方人主張「愛的教育」，無止盡的愛與包容，但這樣的結果，只會出現很多恃寵而驕的孩子，我覺得這種方式也不是太好。

業師父　鐵的紀律不行、愛的教育不好……糖老大，那你覺得到底要用什麼樣的方式來教於孩子的，這樣說得我一頭霧水的。

糖老大　現在的教育方式，我傾向「**尊重式的教育**」。

業師父　尊重我知道，但什麼樣才叫做「尊重式的教育」？

糖老大　鐵的紀律，就是用責罵、懲罰對付孩子；愛的教育，則是用包容、忍受對待孩子，這都不是尊重。

　　　　尊重應該是雙方面的、相互的。有些父母誤用了「尊重」這兩個字。我曾看過一對父母，在問孩子想不想吃牛排，孩子放下手遊，翻了白眼說：

　　　　「牛排那麼難吃，我才不要吃咧，我要吃麥當勞，不然我不吃了。」，然後爸媽苦笑地說：

　　　　「好好好，那我們就吃麥當勞囉。」父母說，他們這是尊重孩子選擇，雖然吃什麼是個小事，但從親子間言談的態度，沒有經過充分的溝通，最後還是依孩子的要求作，這並不是真正的「尊重」，充其量只是討好孩子。

　　　　既然剛剛說了「我們的孩子不是我們的孩子」，孩子不是我們的財產，那麼爸媽是不是就不應該動手修理孩子，既然爸媽不行，當然哥哥更不應該動手。我們高掛著「為孩子好」的旗子，實際上是**掩飾我們身為父母沒有能力跟孩子進行適當的溝通**，這樣的行為，我並不是那麼贊成的。

業師父　我想回到實際面來聊一下這件事，對於我之前講的

這個案例，如果你是那位媽媽，你會怎麼處理哥哥的事情呢？

糖老大 哥哥會有這樣的情緒與行為，一定是有深層的原因，表現出來的只是冰山的一角。所以我們可以試著去了解冰山的下面藏了什麼樣的情緒與心情。當然第一就是，**不是要在兩個人有情緒的時候溝通**，因為那樣的效果會非常不好，甚至反效果。等到兩人都冷靜了，媽媽需要拿出相對的理性，好好的去了解哥哥為什麼要動手打弟弟，跟哥哥說媽媽能理解他為什麼看不慣弟弟的態度，也謝謝他為媽媽著想，不過這並不表示動手打人的行為是對的，之後如果有類似的情況，媽媽自己可以處理，請他不用插手。

哥哥知道了媽媽的想法，也感受到他被尊重、被看見了，經過一些時間父母要提醒自己多注意哥哥的情況，相信他們彼此間的關係會有所改善。

業師父 聽你這麼分析，我今天回去趕快好好想想自己以前有沒有疏忽，漏看了我們家兩兄弟的哪一個，讓他們有被忽視的感覺，這一定要好好地處理，放任這樣的問題持續擴大，將來兄弟鬩牆可怎麼辦。

糖老大 業師父，你太誇張了啦，我們只要用一個放鬆而且

開放的心去面對孩子，從生活中去觀察，彼此尊重，再學習增加自己的敏感度就可以了，太刻意會造成孩子莫名的壓力，反而覺得我的爸媽「很有事」喔。

業師父 這麼說也是啦。哈哈哈。

註一：全球競爭力報告：https://goo.gl/cfPyR5

註二：世界快樂報告：https://goo.gl/75YqhH

註三：冰山理論與兄弟事件對照表：

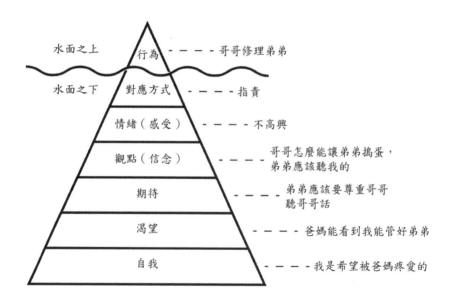

水面之上　　行為 - - - - 哥哥修理弟弟

水面之下　　對應方式 - - - - 指責

情緒（感受）- - - - 不高興

觀點（信念）- - - - 哥哥怎麼能讓弟弟搗蛋，弟弟應該聽我的

期待 - - - - 弟弟應該要尊重哥哥聽哥哥話

渴望 - - - - 爸媽能看到我能管好弟弟

自我 - - - - 我是希望被爸媽疼愛的

第三篇

沒大沒小

03 / 沒大沒小

　　這天，早晨業師父在公園裡練拳，遇到正在晨跑的糖老大，兩人聊起天來，看到一對母子經過，母親幫兒子提著書包、便當袋，一邊還提醒著兒子下課之後去安親班、上英文課、要寫什麼、要念什麼、下課在哪裡等……兒子聽了回頭瞪了媽媽一眼說：

　　「你是有完沒完啊？一直在那邊囉唆，不會煩嗎？我快遲到了，快一點啦！」

　　媽媽聽到孩子這樣說，馬上閉嘴不吭聲，兩人走遠後，業師父搖著頭對糖老大說……

業師父　時代真的變了，現在的孩子怎麼一點觀念都沒有。

糖老大　業師父怎麼突然這麼說？你說的是什麼的觀念？

業師父　現在很多孩子不論是對父母或是對長輩說話的態度，越來越沒大沒小，是社會風氣嗎？還是家庭管教方式？看到我們館裡有很多的孩子也是這樣對待父母，說話倒是像在跟朋友說話，這樣不是很奇怪嗎？我們總是教導孩子們，對於比自己年齡還要長的人，應對進退要有分寸，對長輩說話要有規矩。但看起來現在似乎不是這樣了，有一種一代不如一代的感慨。

糖老大　業師父的爸爸教育你的方式也是這樣嗎？

業師父　當然啊。我的父親教育我們的方式就是要尊師重道、長幼有序、兄友弟恭，一直以來，傳統的觀念也是這樣，不是嗎？

糖老大　還記得我跟你提過「煎魚去頭尾」的故事嗎？很多觀念都是一代一代傳下來的，你覺得好像理所當然應該這樣，實際上還是要因時制宜，鍋子變大了，自然就不需要在煎魚的時候把頭跟尾去掉了。同樣的，我們很多的觀念，是不是也需要因為時代的變化而修正呢？

業師父　糖老大，請問你怎麼看這樣的情況呢？

糖老大 在西方社會裡，很多小孩也都直接稱呼自己的爸媽或長輩名字，這對東方人來說好像是大逆不道或不禮貌的行為，但對一些西方人來說，他們對於「稱呼」、「稱謂」並不是那麼重視，所謂的稱呼、稱謂，跟尊不尊敬，尊重對方並沒有直接的關係。

名正才能言順嗎？

業師父 在東方，我們還是延續儒家思想孔子說的「必也正名乎」，一定要先糾正名分，這樣關係才能確立，做事、說話才會恰當。

糖老大 我不是要挑戰中國幾千年的思想，這樣的說法有其時空背景還有某些價值正確的地方。但我想提出一個想法，就是：如果我們拿掉了這些所謂的稱呼、稱謂，是不是大家都還是尊敬你？尊敬一個人是因為他的這個人，還是因為他是你的爸爸、媽媽、叔叔、阿姨……？

西方主張「人皆生而平等」，不應該分地位上的高低。例如：雖然我是你的父親，但是我還是可以跟你像是朋友一樣的說話、跟朋友一樣的討論事情，

所以相較下，這樣的親子關係相對比較親密，代溝的情況也比較小。

業師父　跟爸爸像朋友一樣的說話？

如果是在我小時候，應該會被家長罵沒大沒小，甚至被痛打一頓吧。所以西方這樣的相處方式，實在讓我難以理解。

不過你說的也是，因為這樣的相處方式，讓我跟自己的父母，尤其是比較有權威的爸爸，相處起來總是覺得特別拘謹，心裡有什麼話也都不太敢跟他們說，更別說是開玩笑什麼的了。長大以後背負著他們的期望，卻覺得他們並不知道我到底在想什麼，我的理想、我的價值觀，也總是會為了這些事情起爭執與衝突。只是……我們從小到大一直接受這樣的教育觀念，也就理所當然的接受了，對自己的孩子，好像也不自覺的沿用下去。

糖老大　我常聽到很多年輕人稱呼年長的人「老古板」；另外也會聽到很多長者或爸媽稱呼年輕一代「小屁孩」，其實就代表了代溝。當孩子跟我們漸行漸遠、不再無所不談、甚至覺得我們不懂他們，有時候是因為我們身為長輩或爸媽的不願意去融入他們，心理上如此，生理上也如此。例如「擁抱」就不是東

方人習慣的相處模式，但擁抱確實是可以讓彼此無論是在身體、心理可以更接近的方式。

業師父　的確，現在如果要跟自己的父母擁抱，的確不是那麼容易的事，感覺有些……說不出來的怪。

糖老大　可以看到，雖然西方人直接稱呼爸媽名字，彼此可以像朋友或兄弟姊妹一般的抱來抱去，但其實他們並沒有因此而失去了對彼此的尊重。你們所謂「沒大沒小」的這句話，通常是大人給小孩扣上的帽子，從來也沒看到對小孩用娃娃音說話的大人稱他們「沒小沒大」吧？

業師父　「沒小沒大」？哈哈，當然不會有人這麼說啊，因為這是大人想要接近孩子的方式，沒有什麼錯吧？

糖老大　是啊，這樣的確沒有什麼錯，就像你說的，這是大人想要接近小孩的方式，但我們換個角度想，「沒大沒小」會不會也是小孩想要接近大人的方式呢？只是這樣的方式，大人是不是不能接受？如果不能接受，而給予孩子負面的批判或是責罰，只會讓孩子跟大人的距離越來越遠。

業師父　你的意思，是不是要我們大人去迎合孩子的價值觀與想法呢？若我們迎合了他們，接受了他們的態度與方式，這樣之後我們要如何管教孩子？

先了解才能接受

糖老大　我的意思並不是只是要去「接受」，而是要先去「了解」，不是總瞧不起或看輕孩子新的想法或做法，而硬是要灌輸大人的觀念給他們。

業師父，請問你現在還會看黑白電視嗎？

業師父　不會。現在都是液晶電視甚至投影機，畫質變得更好看了。

糖老大　還會使用撥號式的電話嗎？

業師父　不會，想用也找不到了吧，現在都用手機在打電話。

糖老大　那會用只有打電話功能的手機嗎？

業師父　當然不會啊，現在智慧型手機那麼方便，怎麼還會用那種「智障型」手機呢。咦？糖老大，你怎麼突然問這些問題？

糖老大　你會這樣的回答，表示你願意接受了這些新東西。誰想看黑白電視、誰想用撥號式電話、誰想用智障型手機……這些舊東西我們都不想用，願意去了解或是換新的產品，但卻讓我們的孩子回頭去遵守已經過時的舊觀念以及制約，這是非常衝突的。

業師父　但這是因為新的東西越來越好、越來越方便，所以我們才會使用。但是舊觀念是一些待人接物的根

本，這兩者不能比較吧？

糖老大 舊的東西在發展出新的過程的時候，是不是會有一段時間會經過檢視、批評，後來大家使用或驗證，才會覺得東西是好的、進步的。例如手機，一開始以能打電話為基礎，慢慢地加入許多功能才變成現在機不離手的科技產品。但過程中是經過很多質疑的，耗電啦、體積太小而容易不見啦、那麼多功能反而影響人的注意力啦……這些似是而非的理由，最後都是經過大眾的「了解」與「實際使用」才漸漸的接受，甚至到現在的依賴。

同樣的，很多的舊觀念，其實一樣是建立在傳統基礎的架構上，例如「尊重」這件事是原本就有的，經過時間的變化，把原本從上到下所謂「倫理」的垂直關係，轉變成人與我「互動」的平行關係，本來就會有很多的議論跟不解、甚至批判，但是如果一樣經過「了解」與「實際使用」，是不是也可以變成一種我們都可以接受的新想法，甚至也成為我們奉為圭臬的新觀念呢？

業師父 好吧！那我就試著來「了解」一下這些新想法，你請繼續說。

糖老大 謝謝你願意打開耳朵了解，我就繼續說囉。

　　我們身為大人必須要學會的其中一件事，就是要縮
　　小自己的權力，一旦我們把自己的權力縮小了，孩
　　子就容易靠近我們，我們也可以更容易知道小孩在
　　想什麼；相反的，當我們想在孩子面前擴張自己權
　　力，就像使用威脅逼迫方式的時候，你覺得孩子會
　　願意親近我們嗎？

業師父　大人遇到有權柄的人的時候，都會不自主的退縮、
　　不敢靠近，何況是孩子。但若一直縮小父母的權力，
　　讓孩子太過靠近我們，會不會讓孩子騎到我們頭
　　上，不聽從父母的管教，更失去了界線與分寸？

糖老大　這樣的靠近並不是說孩子會沒有分寸，而是因為相
　　互尊重，而創造出一種在心理上獨立運作又可以與
　　人合作的「人我界線」。

人我界線的重要

業師父　什麼是「人我界線」？

糖老大　人我界線就是說：我有我的隱私空間，但我卻又可
　　以跟你在一起。

例如：我可以跟孩子打成一片，但也可以跟孩子說道理；孩子雖然可以跟我打成一片，但也可以尊重我是爸爸給予他們的建議與指導。是可以水乳交融，但不表示我是可以被侵犯的，這在心理、在生理都是一樣。就像雖然爸爸跟女兒感情再好，都不會長大了還一起洗澡的意思。

業師父 那「人我界線不分」又是什麼情形呢？

糖老大 我舉個自己的例子。有天全家人逛街，我因為沒買我孩子想要的東西給他，他很不爽，就自顧自地往前走，我覺得他這樣氣呼呼地往前快走很危險，大聲叫了他，他卻覺得我在兇他，更生氣了，回到家之後，就把自己關在房間裡……

業師父 原來親子教育專家也跟孩子起衝突啊！

糖老大 當然會啊！我們都是人，都會碰到一些在關係中衝突的狀況跟不好的情緒，只是透過學習與了解，我們可以更知道怎麼用最快與最適合的方式去處理這樣的問題與狀況。就像業師父雖然教拳健身，但還是會生病一樣的道理。

業師父 唉呀！糖老大不好意思，我開個玩笑，沒別的意思。

糖老大 沒關係的，我知道你是開玩笑。
只是常常有人會有這樣的迷思，好像所謂「專家」

在他的領域就是一路順風，如有神助。也拿你做例子，也請你也別介意。

業師父　你沒關係就好，這例子要怎麼去看人我界線呢？

糖老大　就我說的例子來說，界線不分的情況是：我跟孩子有衝突了，兩個人心情當然多少不舒服，孩子回到家不理不睬，跟他說什麼他都當沒聽到；我也因為這樣，話也不跟孩子講了、晚餐也不給吃了、甚至連零用錢我也不給了。

如果是人我界線清楚的情況，我跟孩子有衝突，心裡不舒服了，雖然還在不好的情緒上，但孩子該回答問題他還是會應對；我也跟她說話、做晚餐給他吃，好啦，大部分還是我老婆做比較多，哈哈！但是該給的零用錢也會給他。之後等雙方心情平靜後，再針對之前衝突的事情重新討論與溝通。這個就是有無「人我界線」的分別。

業師父　從你的例子裡面，我看到的是：雖然在衝突中，彼此都有情緒，但在相處上，該做的事還是會去做，不會因為衝突而不去做，是這個意思嗎？

糖老大　是的，沒錯。

「人我界線」也可以運用在所有的人際關係上面喔。不過有另外一個面向可以討論的是，雖然父母

跟孩子之間是可以平行雙向的討論與溝通，但還是
要根據所謂的「序位法則」。

業師父　「序位法則」又是什麼？

糖老大　「序位法則」就是說：每個人都應該要按照他們的
長幼輩分的次序被尊重。

父母的位置永遠高於孩子，不能把孩子當成位置平
等的朋友，子女更不可以把父母當朋友，否則就會
序位錯亂。就好像孩子不要去要求甚至批判父母待
人接物該怎麼做，例如：「爸爸，對你這件事情的
作法，我覺得很失望，你這樣讓我覺得很丟臉，你
聽我的怎樣怎樣做不就好了嗎？」像這樣的說法是
不恰當的，違背了序位法則，序位法則一亂，很多
家庭的問題就會因此產生。

業師父　等一下，糖老大，我聽到一個非常矛盾的地方，讓
我無法理解。

糖老大　矛盾？怎麼說呢？

業師父　你前面說，親子之間的溝通，需要像朋友一個平等
雙向的平行關係，但現在又說序位法則還是要分長
幼輩分的次序，這不是很矛盾嗎？

糖老大　業師父記得我之前說過的嗎？我有說到很多的觀念
其實都是從舊的想法，經過時間的演進而產生的，

但追根究底那還是會在同一個核心思想中。「序位法則」就是一個核心的價值，也就是應該要對大自然所給予我們先天出生的先後順序、誰生了誰，而予以尊重。長幼確實有序、兄友也要弟恭，但不表示小的永遠要聽大的、大的永遠都要讓小的。不是因為我是爸爸媽媽，我就應該高高在上，孩子都要聽我的話，按照我的期望去做；也不是因為我是孩子，我就應該永遠在家裡沒有自己說話的分量。

不是要把孩子或父母當作朋友的身分，而是對孩子或父母像是對朋友一樣的平等方式做溝通，裡面最重要的地方就是，**在關係中彼此的互相尊重。**

我覺得這個世界本來就沒有非黑即白的道理，但你說的矛盾我能理解，大部分的人應該也會有這樣的疑問。但是所謂的道理都應該是有彈性，而不是硬梆梆的；有與時俱進的變化，而不是千古不變的，這樣人與人之間的關係也因為有更多的了解，才會有越來越好的溝通。

業師父　那我是不是可以這麼解讀：在「序位法則」裡，尊重大自然所給予我們生來的關係，這是原則；而溝通使用「平行關係」則是方法。

我這樣的理解沒錯吧？

糖老大　不只沒錯，簡直是精準啊。

業師父總是能把我說的話做精簡扼要的結論，真是佩服、佩服。

業師父　不敢當，聽了糖老大的一席話，看來我也要開始學著打開自己的耳朵與心，去了解新的觀念了，要更新成一個「智慧型」的父母，而不是「智障型」的爸媽。

第四篇

孩子的情緒

04 / 孩子的情緒

　　這天，業師父送小學五年級的兒子去參加比賽，一路上兒子一語不發，只聽著音樂看窗外，問了兒子幾句話，告訴他比賽應該注意的事項，兒子也只是敷衍的「嗯」了幾聲帶過，想想這樣也是自討沒趣，業師父只好打開廣播，試圖化解車裡的寂靜。送完兒子，看看之後也沒什麼事要辦，就順道轉至糖老大家聊天……

業師父 最近我發現我讀小五的兒子變得有點不一樣。

糖老大 不一樣？是好的不一樣？還是不好的？

業師父 也沒有什麼好不好的，但至少對我跟孩子的媽來說不是很好。

糖老大 喔？說來聽聽。

業師父 不知道他是青春期還是怎麼著，小的時候不管在生活上、學校裡發生什麼事，他回家以後都會跟我們說。也不知道從什麼時候開始，兒子有時候從外面回家，也不知道發生什麼事，就是擺了張臭臉。問了也不說，追問也沒結果，最後氣氛變得有點僵，實在不知道應該要從什麼角度切入問他。

糖老大 那你跟媽媽是怎麼想的呢？

業師父 我們只能想：「小孩子難免長大了會有情緒，反正一下就過了，想講就講，不想講我們也沒有辦法。」

糖老大 但……這樣的方式處理，有改善你們的溝通嗎？

業師父 沒有啊。所以我們才煩惱不知該怎麼辦。
對了，我倒是發現，他對我們什麼都不太說，對自己的同學或朋友倒是機哩呱啦的說個不停，怎麼會變成這樣子呢？以前明明是無話不談的。

糖老大 你還記得你在他們這個年紀的時候，會跟父母親聊自己生活上的事情或心事嗎？

業師父 當然不會，我們那個年代的父母大多比較嚴肅，如果跟他們說了些什麼，可能就是長篇大論的跟我們說一堆大道理，開始「教育」我們為人處世，這還算好的，有時候甚至於還會因此「教訓」起我們，不挨罵就不錯了，怎麼可能跟他們說太多。當然大部分都還是跟自己的好同學、好朋友說囉。

糖老大 怎麼聽起來業師父有很大的怨念啊？哈哈！

業師父 也不是怨念啦，我也知道那個時代的父母親都很傳統、保守，跟子女相處都還是很有距離，但時空變了，我們這個年頭的父母已經不像以前的他們，我們對他們有更多的關心、更多的愛啊。

孩子不是不想講，只是不知道怎麼說

糖老大 你說的沒有錯，以前的父母親跟孩子大部分都很有距離感，孩子大多是害怕父母的，覺得父母就是權威，有時候不是不想講，根本就是不敢說。

業師父 也是，尤其我父親，之前跟你提過，他很有威嚴，連平常說話都不敢跟他說了，何況是跟他講心事。

糖老大 現在的父母親，也像你說的，有了很多的關心和愛。

但我也發現很多都是爸媽單向的「關懷」。

業師父　「關懷」本來就是單向的不是嗎？這是父母親給予孩子的直接表現。

糖老大　我說的單向關懷，往往只是爸媽們希望，孩子給他們一個「他們怎麼了」的說法，讓他們心安。然後可能會接著說：

「我們不是都跟你說過了，你看吧……」

「唉呀！你這件事情其實也沒什麼大不了的……」

「這有什麼好難過的？」

「以前啊，我們都……比你們還慘啦！」

業師父　是啊，有時候他們的問題真的是雞毛蒜皮的，根本就沒什麼啊。我們父母也只是把我們的看法跟經歷告訴他們，這樣有錯嗎？

糖老大　這樣的想法沒錯，但是說法有問題。

業師父　不就是直話直說，家人說話不用拐彎抹角吧？

糖老大　爸媽當然有權利，也應該跟孩子聊聊自己的看法，但有時候我們都忽略了一件事，就是對孩子的「同理心」。我們把孩子說的事，硬是冠上我們的價值觀，然後對他們說的事情質疑，甚至否定。

業師父　否定？我們並沒有否定他們說的事情啊？沒有罵也沒有反對啊！

糖老大 這麼說吧，例如「這有什麼好難過的？」這句話，你覺得是不是就是在否定孩子難過的情緒，然後用我們大人的眼光去看，所以才會認為沒什麼好難過的。但對孩子來說，說不定那件事真的就是讓他覺得很難過呢？

業師父 啊！我怎麼沒注意到。這句話好像真的是用我們的眼光去評斷了孩子的情緒呢。

糖老大 如果我們沒有同理心，在孩子跟我們說了一些事情後，我們用這樣論斷的方式處裡，孩子心裡一定不舒服，就算他們沒有當下反應，也會把「沒被支持」的印象放在心裡，久了當然也就不愛講囉。

另外，有些爸媽是孩子講他的，父母聽他的，沒有把注意力放在正在說話的孩子身上，玩手遊、傳訊息、看電視、做家事……孩子覺得沒有被爸媽重視，這也是現在很多孩子不願意跟爸媽說話的原因。

業師父 道理知道歸知道，那我們可以做些什麼呢？

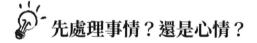 **先處理事情？還是心情？**

糖老大 說穿了，我們每天會碰到的事都是「事情＋心情」，

大人會用理性的方式來處理自己的「心情」，所以
能單純的談「事情」。但孩子並沒有那麼多的歷練，
所以他們說出來的往往都是夾雜著「事情」與「心
情」，如果大人還是用理性的角度去看，也難怪都
會覺得孩子的問題不是問題。

業師父 「事情」跟「心情」……聽起來好像把問題簡單化
了，可是要如何去處理他們說的「事情」還有「心
情」呢？有沒有什麼先後順序？

糖老大 先處理「事情」或「心情」，要看孩子的需求，沒
有什麼標準答案，需要靠平常我們跟孩子的相處、
了解、還有去察覺孩子的感受。

有時候，說不定他們也只是單純想找人說，發洩情
緒，不需要任何建議，只要有人聽就好。若平常爸
媽沒有練習這個部分，可以從**學習如何提問**開始。

業師父 要怎麼學習提問？不就是直接問他們怎麼了？但他
們就是不肯說啊。

糖老大 我來舉個例子好了，前一陣子我朋友的女兒告白失
敗，媽媽看她一進門就不對勁，晚餐時就問了。

媽媽：「妳今天好像悶悶不樂，發生什麼事嗎？」

這句話就是先說出我們當下觀察到的情況。

女兒：「沒啦！我哪有悶悶不樂的。」

媽媽：「是喔，看妳晚上飯吃的不多。」

女兒：「沒有啦！我只是吃不下、不想吃而已。」

媽媽：「我想說是不是今天發生了什麼事，妳才會吃不下。如果真的有什麼事的話，可以跟我說，我很願意聽喔。」

女兒：「沒事啦！不要問了！」

媽媽：「沒事就好，但如果有什麼想跟我說的，我會很願意聽。」

業師父 就這樣？沒有再說什麼了？

糖老大 是啊，就這樣。

業師父 但她並沒有問出孩子發生什麼事啊？如果是我們，可能直覺反應會說「不講拉倒」、「妳明明一臉有事，為什麼不說？」，這個例子看起來，並沒有達到讓孩子說出她怎麼了的效果啊。

糖老大 我會舉這個例子，並不是說一定要讓孩子說出什麼。而是我們可以先給予關心、詢問，同時我們也要允許孩子當下不想說的心情，咄咄逼人就算是出於善意，也會讓孩子倍感壓力。我還沒說後續發展呢，業師父別急。

業師父 唉呀！孩子有事父母著急是天經地義的，別笑我了。後來呢？

糖老大　後來臨睡前道過晚安，女兒才到爸媽房裡，把媽媽叫出去，偷偷的告訴媽媽今天告白的事情邊講邊哭。媽媽後來也跟女兒分享小時候告白失敗的經驗，鼓勵她要更勇敢、更愛自己，一直聊到深夜……除了她們以前累積的情感與信任外，這位媽媽怎麼提問讓孩子沒壓力，方法很值得讓我們學習。

業師父　那當孩子不想講的時候，有沒有什麼例句可以讓我可以先練習練習的呢？

糖老大　我說幾個給你參考，但是還是要看當下的情況而定，不要照本宣科，最後沒效果才來找我算帳啊！

業師父　不會、不會，我也算是有慧根，只是總要有個開始可以學習的範例嘛。

糖老大　例如：

「沒關係，你想講的時候，我都會很樂意聽。」

「你想要問我怎麼處理，我會很樂意回答你。」

「不用擔心我們忙會造成我們的困擾，因為沒有什麼事情是比你更重要的。」

如果沒有辦法當下立即處理的，像現在很多爸媽真的非常忙碌，非不得已你也可以說：

「雖然我很忙，但是你的事情我會優先處理。」

「如果我真的抽不了身，可以先等我處理完，第一

件事就是回去聽你說。」

當然啦，這樣的承諾還是務必要做到才行，才會有信任的累積。

業師父 這些話聽起來的確是會讓人產生安全感，也會樂意講出來的感覺。

糖老大 是啊，要讓孩子有一個安全的環境，他們才會說出心裡的話。另外有一種情況也是爸媽常碰到，你我一定也有經驗，甚至有些還會起衝突的情況。

孩子知道怎麼講，只是不敢說

業師父 你說的應該是小孩犯了錯，卻都不肯說的情形吧？

糖老大 是啊，果然業師父也是有經驗。

業師父 何止我有經驗，我想全天下的父母應該全都有這樣的經驗吧。

糖老大 沒錯，小孩子犯錯是一定不可避免的；但犯了錯卻不敢講，是來自於從小到大他們犯錯後，父母對待他們的方式，造成的既定印象所產生的，這個倒是可以避免或減輕。

業師父 小孩犯錯了不敢說，甚至說謊不是天性如此嗎？

糖老大 這就要先看看小孩為什麼犯了錯會不敢說，或說謊的原因了。如果從小打翻杯子就被打手、不聽話就被罵、考試不及格就被打……等等，這樣的邏輯是：「做錯事＝被處罰」。長大後，潛意識知道了做錯事的後果，自然就會想盡辦法來掩飾做錯事的這件事情，當然也就不敢講或是說謊囉。

業師父 這麼說也是，連大人在做錯事的時候都會想辦法閃躲、卸責，因為知道犯錯要付出代價，何況是小孩。

糖老大 小孩也是人嘛。有時候不一定是處罰，而是來自於父母的態度，例如一樣是打翻水杯，爸媽雖然沒有處罰，但邊擦桌子邊情緒激動地對孩子大罵：

「唉呀！你在幹嘛啦！」

「為什麼那麼不小心！」

「你給我站遠一點，我現在在幫你擦桌子，這些都是你弄倒的！」

雖然不是處罰，但是這樣激動的情緒與說話內容造成的「言語暴力」，一樣對孩子來說，犯錯的既定印象就同等於恐懼，也會讓孩子長大後對於自己所犯的錯會不敢說，也不敢靠近你。

業師父 有時候父母的反應是很即時的，或許也沒有想那麼多。那應該怎麼說會比較恰當呢？

糖老大 就拿剛才的例子來說，說真的，弄翻水杯實在不是什麼如喪考妣的事情，我們是不是可以先對當下的事情嚴重程度作判斷，如果不是有立即危險性的事情，我們可以先調整一下對這件事的態度，而不是想都不想直接小題大作的反應。如果只是弄翻水，我們可對孩子說：

「喔？剛才是怎麼弄倒的呢？杯子有沒有弄破？」

「你沒事吧？有沒有割到手？有沒有嚇一跳？」

「我知道你不是故意的，下次要小心喔。」

後面可以加一句：

「等一下記得要把桌子跟地板擦乾淨，好嗎？我拿抹布給你。」

一方面讓孩子不會對自己無心犯的錯有挫折及罪惡感，同時又可以讓孩子在面對自己犯錯時，知道自己必須要善後，而爸媽願意給予適當的協助。

業師父 打翻水杯確實是小事情，不用反應過大。不過有時候總是會碰到一下大事，例如偷錢之類的情況呢？像我們以前被抓到偷錢，一定被抓來挨罵、罰跪、痛打一頓也是逃不掉的。

糖老大 當然，有些家長會覺得這是最快最有效的方式，打跟罵的確在短時間可以看到立即效果，小孩痛哭、

認錯。業師父小時候是不是也有類似的情形啊？

業師父 哈！糖老大見笑了，我就是被痛打一頓的那個！

糖老大 別不好意思，我小時候也是很頑皮好奇的，也是偷過爸爸口袋裡的零錢被抓到。你還記不記得被打之後，你是對於偷錢這件事覺得自己錯了？還是犯錯後被打的恐懼呢？

業師父 嗯……好像是被打這件事對我來說恐懼。

那時候小小的心靈甚至想：

「真倒楣，下次偷錢一定要更小心，不要被抓到。」

糖老大 因為被打的刺激一定比偷錢這件事本身的刺激要來的大。我們記得的永遠是刺激大的那一個，其他的往往被忽略。當時我偷錢被抓到的時候，我爸爸是這樣對我說的：

「你偷錢，是不是因為有什麼想買的東西呢？如果有想買的，你可以跟我討論啊。」

那時候我就回答：

「我有跟你說啊，但是你不准我買。」

爸爸說：

「我不准一定是因為有我的原因。但我不准，不表示你就應該要偷錢。你在家偷了錢，只是第一次，我會原諒你；但如果你以後在外面有了一樣偷竊的

行為，人家是不會原諒你的，甚至送到警局，國家會給予應得的懲罰你也因而失去自由。」

這樣的對話，是在爸爸心平氣和，沒有太大情緒下進行的，雖然沒有打，沒有罵，最後爸爸還為我的坦承犯錯，給我一個大大的擁抱。但我記得的是偷錢這件事情的後果，討論的是偷錢這件事的本身，而不是因為偷錢而被打的疼痛，對我來說，這樣的經驗是十分珍貴的，我也一直謹記在心頭。

業師父　好開明的父親啊。

不要大驚小怪、小題大作

糖老大　因為他認為，爸媽不需要為了孩子犯的每一件錯誤都小題大作、大驚小怪，孩子不管是犯錯，或是有事不願意說，背後一定有原因。如果希望孩子說出來或承認，一定要讓他覺得這是很安全的環境，當他有安全感，願意說出來的機會是很高的。

業師父　什麼是「安全的環境」？你指的是有個不受打擾的空間之類的嗎？

糖老大　當然，有一個不受打擾的空間對孩子來說也是很有

幫助，但我所謂的「安全的環境」，指的是心理上
的「三不一要」，也就是：

不批判——不用父母的角度批判；

不指責——不馬上做出是非對錯的指責；

不教訓——孩子不會受到父母情緒性的教訓或懲罰；

要允許——允許孩子有情緒，他們可以保留想說與
不想說的。

業師父　要創造出一個安全的環境是沒錯，這是需要雙方的
情緒都是在穩定的時候才做得到的吧？通常孩子犯
錯，或不理睬啦、頂撞啦……之類的，我們做父母
的也是會有情緒，自然在言語中就會有些衝突，這
樣情況下好像也很難去創造某個正向平和的環境，
不吵架起爭執就已經不錯了。

　　　　　我的疑問是，當孩子表達負面情緒的時候，我們身
為父母的又要如何反應，才不會讓狀況越弄越糟？
才能進一步創造出你說的「安全的環境」呢？

糖老大　爸媽也是人，當然也是會有情緒，但不表示我們就
應該把情緒「表現」出來啊。我們可以用「說」的。

業師父　「說」？情緒不都是直接流露的嗎？要怎麼說？

糖老大　就例如生氣吧，如果今天你因為孩子對你出言不
遜，如果是直接的表達情緒，你會怎麼樣？

業師父 應該是生氣痛罵一頓,或處罰他吧。

糖老大 有些爸媽甚至於暴跳如雷、甚至體罰。

業師父 對對對,是有可能,有時候小孩講話真的會很想從他們後腦杓打下去,但……父母這樣的表現很自然啊,小孩這樣子不教訓怎麼行?

你剛剛說可以用「說」的,請問生氣要怎麼「說」?

糖老大 這樣的情形可以說:

「你用這樣的方式跟我說話,我聽了不是很舒服,也很生氣,你之後可以用其他的方式來表達你要說的,而不是這樣出言不遜呢?一樣可以表達你要說的意思不是嗎?」

當然在說明的過程中,還是要保持態度的平和,不是要討好,而是平靜的說明你的情緒是什麼。

業師父 聽起來……好像需要一些時間的練習啊。畢竟我們都被情緒制約很久了。

說明情緒,不情緒性說話

糖老大 不錯喔,業師父,你也開始察覺到自己被制約這件事。送你一句話,好記,又好練習。在我們有情緒

出來時要記得：「**說明情緒，但不情緒性說話。**」

業師父　這個好記，我已經背下來了。

糖老大　我們爸媽的情緒也是其來有自，你知道嗎？

業師父　原因？原因不就是因為小孩做了什麼，或說了什麼惹我們生氣嗎？

糖老大　不，其實我們的情緒通常是來自於自己的童年。

業師父　自己的童年？怎麼說？

糖老大　我們在童年沒有被允許的事情，也很容易不允許下一代做。就像是小時候你被不允許對大人說話大聲，你也一樣不會允許你的孩子對你說話大聲，這樣的不允許，就會產生情緒。這是來自於原生家庭的教養模式，會一代一代傳下去。

業師父　身邊很多的父母包括我自己，好像就是這樣，不自覺的就把上一代教育他們的方式，也直接複製、貼上到自己孩子身上。

糖老大　所以孩子也會啟動他們的防護機制，避免自己受到更大的傷害。我有一位朋友曾經跟我分享，他小的時候，曾經被學長勒索，因為他不小心把對方的彈珠弄掉了，居然跟他索賠 100 塊錢，那時候他還小，也沒那麼多錢，又不敢跟家人說他被勒索，因為爸爸常常藉故罵他，因為害怕，就只好偷了爸爸的錢。

最後還是被爸爸發現，然後一頓打。爸爸問他理由，本來死也不說，後來被威脅逼迫下，最後還是老實的講了。聽完爸爸氣急敗壞的罵說：

「為什麼事情發生的時候不講？」

朋友說：

「就是因為怕會被你罵，所以我才不敢講啊！」

你看這個例子，講也不對，不講也不對，乾脆賭賭看，說不定偷了錢不會被發現。通常小孩子不敢認錯，很大部分都是因為怕被打、被罵、被懲罰，最後變成了連鎖反應。

業師父 聽起來是個循環，好像「官兵捉強盜」，強盜跑，所以官兵追，官兵問強盜：「你為什麼要跑？」

強盜跟官兵說：「因為你在追我」

官兵跟強盜說：「你不跑我就不會追啊。」

強盜跟官兵說：「你不追我就不會跑啊！」

糖老大 哈哈，業師父這個例子好生動啊！

業師父 我們館裡的孩子常常玩這個遊戲，自然聯想起來。

所以看來真的不能常常懲罰孩子或對孩子太兇，製造一個讓他們沒有安全感的環境，他們自然有話也不敢說，最後變成不想說了。

糖老大 有些爸媽會利用自己的權柄，跟孩子說：

「你再給我這樣，就不給你吃晚飯！」

「你再說，小心我揍你！」

「你再吵，我就不買零食給你！」

這樣利用孩子們的恐懼與需求，威脅他們，可能一樣會教出「乖小孩」，但對孩子來說，內心卻是受傷的，我並不認為這樣是件好事。

業師父 我試著來總結一下今天你說的，就是「**允許孩子適度犯錯、管理大人負面情緒**」，對嗎？

糖老大 沒錯。

業師父 回去之後我來對我兒子試試看「說明情緒，但不情緒性說話」成效如何。

糖老大 記得要多練習喔，不然嘴巴說的是這樣，但臉部表情卻很尷尬，把孩子嚇壞就不好了。

第五篇

婆媳問題

05

婆媳問題

　　這天，星期六上午，糖老大的媽媽到家裡看孫子、孫女，住了一天，星期天晚上才回家，在門口到跟糖老大一家道別，老太太抱了兒子、孫子、孫女。跟媳婦擁抱的時候，還交頭接耳的說話，說完婆媳兩人大笑，這景象正好碰到要出門散步的業師父遇見，互相打了個招呼，和糖老大一家目送老太太上公車，業師父回頭對糖老大好奇的問……

業師父　糖老大，我看令堂跟大嫂感情好像很好，應該沒有碰過婆媳問題吧？

糖老大　婆媳問題？你說哪方面的？為什麼這樣問？

業師父　簡單說吧，我們家最近碰到了這樣的狀況，我母親因為對我們的一些生活細節看不過去，對我念了幾句。我老婆聽到了也不是很高興，但想說孩子在，也不便跟長輩說什麼，所以也只能對我念了幾句，你一句、他一句，我夾在中間就聽了好多句，實在難為啊。想問問你有沒有類似的經驗可以傳授？

糖老大　還好你問的不是「媽媽跟老婆同時掉到河裡要救誰」，如果是這個問題，我也無解啊，哈哈。

業師父　糖老大別逗我開心了，你有沒有什麼好建議啊？

糖老大　好好好，不逗你開心了，看你為了這問題也是焦頭爛額的。我想先問一下業師父，你們是跟爸媽住在一起嗎？

業師父　是啊，我們一直都住在一起，我爸媽只有我一個孩子可以照顧他們，當然要住在一起才能就近照顧啊。怎麼了嗎？

糖老大　好，我了解了，這跟我接下去想跟你分享的有關係。

老公是婆媳通往彼岸的橋樑

糖老大　在身邊常常會聽到類似婆媳的問題，像是：婆婆想
　　　　　買冬瓜、老婆卻想買西瓜。婆婆跟兒子怪老婆買的
　　　　　西瓜太甜、老婆跟老公嫌婆婆買的冬瓜太乾，到最
　　　　　後，老公因為不想介入女人的戰爭，連自己其實想
　　　　　吃的是南瓜，都說不出口。買什麼瓜，都沒有對錯，
　　　　　但婆媳卻各執己見、老公膽小怕事，最後不只婆媳
　　　　　關係，連母子關係都變得很難修補。

業師父　對，糖老大這個買瓜的例子說得真是太生動了。

糖老大　你會不會覺得奇怪，怎麼沒有講到公公這個角色？
　　　　　他去哪了？

業師父　……對耶！在婆媳問題裡，好像很少聽到「公公」
　　　　　這個角色出現。

糖老大　公公……跟老公一樣，不想介入女人的戰爭啊。

業師父　這倒是真的，我們都說好男不跟女鬥，女人吵架互
　　　　　鬥，男人還是躲在一邊比較好。這點，天下的男人
　　　　　好像都一樣喔。

糖老大　因為男人看到自己的爸爸不會處裡這樣的問題，甚
　　　　　至躲起來逃避，所以當自己碰到類似問題的時候，
　　　　　也就理所當然的不知道要如何處理啊。

業師父　是啊。我父親是個傳統的人，總覺得家裡兩個女人互鬥好像不是什麼大事，他也懶得說什麼。我猜想，我爺爺大概也是這樣吧。但說實在的，夾在中間的滋味真的不好受。

糖老大　的確是不好受啊，但這也是男人自己應該要承擔的後果代價。

業師父　怎麼說是「後果代價」呢？我們沒有做什麼啊？

糖老大　就是因為男人「沒有做什麼」，所以我才說是這個後果要付出的代價。

業師父　糖老大你這麼說，我可是越聽越迷糊了。

糖老大　一段婚姻是來自兩個不同家庭的人組合而成的三個家庭，老公的原生家庭、老婆的原生家庭、以及老公老婆組織的新家庭，本來就會有很多需要適應的地方，不同的家庭中間就像是中間有一道溝需要跨越才會到對岸，業師父，請問要跨過溝到岸的另一邊需要什麼東西呢？

業師父　橋樑。

糖老大　沒錯，我把範圍再縮小一點，如果媽媽跟老婆就像是溝的兩岸，你覺得橋會是誰來當比較合適呢？

業師父　……看來……好像只有老公適合。

糖老大　是啊，但傳統觀念的男人是被賦予「不用」去做橋

樑的角色，但是沒有了橋，溝就很難通，而男人卻沒有這樣的自覺，總覺得自己什麼都不需要做，兩岸自然就會合併，這樣想非常不切實際。所以男人一旦在這樣的關係中失能，平常井水不犯河水就算了，但在衝突發生的時候就會不知道如何是好，逃避、退縮、甚至越處理越糟，這也是很正常的事。

業師父 我之前也都覺得女人愛念很正常，所以沒多想，也不覺得有什麼好處理的，但每次當她們有些衝突的時候，確實我會覺得不知道該怎麼辦，然後覺得自己夾在中間很無辜，原來，是因為我之前沒有做好橋樑的角色啊。但是，要怎麼做好橋樑呢？現在做還來得及嗎？

糖老大 其實只要你想要改變，永遠都來得及。

只是……就像造橋的方法千百種，我實在也沒辦法跟你說哪一種最適合你，還是要看地理位置、環境，就像是雙方的個性和情緒，但我覺得有幾個重點你倒是可以參考看看。

業師父 太好了，我洗耳恭聽。

糖老大 她們的身分一個是婆婆、一個是媳婦，但終究都是一個「人」，既然是人，要怎麼「做人」就很重要。所以我覺得很重要的一點就是：幫對方做人。

業師父　幫對方做人……？要怎麼做？

糖老大　不論在公開或私下，在彼此面前說對方的好話，當然不能說得太浮誇，一視即破的那種，而是發自真誠的。例如，男人可以在媽媽的面前說：

「上次聊天的時候，妳媳婦說，覺得妳這麼多年來為家庭的付出那麼多，她真的很佩服，換作是她還不知道能不能做到呢……」

又例如，男人可以跟他的老婆說：

「媽昨天說妳穿的那件外套很有質感，問我是在哪邊買的？」

業師父　那不就變成好像傳聲筒，這樣好嗎？

糖老大　不，當然不是常常這樣說啊。

而是要見風轉舵、見縫插針，基於事實的稱讚才會最真，只是我們把這些好話，做球給媽媽跟老婆而已。久而久之，至少她們彼此比較不會針鋒相對，誰都喜歡聽好話啊。另外，做面子給她們也很重要。

業師父　怎麼做面子？

糖老大　例如，男人可以跟媽媽說：

「老婆覺得今天過節，想帶爸媽來吃好料。」

「這件衣服是妳媳婦特地選的喔，很漂亮吧。」

當然啦，男人幫媽媽做面子一樣也會有很好的效

果。但前提是，還是要告知一下被做面子的那個人，你說了什麼。不然到時被打臉，反而吃力不討好。**不一定要用力做**這些事，但一定要**聰明做**。

還有一點我覺得是最重要的，有了這一點，其他事情才會成。

業師父　什麼最重要？別賣關子了。

糖老大　就是「勇氣」。

業師父　「勇氣」？這件事需要勇氣嗎？

糖老大　當然需要囉。

你要打破傳統給你的制約，要選擇接受當一個溝通的橋樑，不是那麼容易的事，可能一開始會有挫折、可能不如你所願、可能效果不好……但只要拿出勇氣，願意付出與承擔。不管結果如何，至少我們努力過，畢竟人與人之間的關係，「緣分」還是佔有一些比例存在，至少婆媳之間不要針鋒相對、彼此相互尊重，就已經是個不錯的結果了。

業師父　原來我們身為男人，在婆媳關係裡事不關己，什麼都不做，到頭來倒楣的還是我們自己啊。不過這真的需要你所說的「勇氣」，還有「耐心」，看起來不是個三兩天就可以做到的。

糖老大　是啊。但晚開始總比沒開始好，你說對吧？

是不是應該住在一起？

業師父 對了，一開始你問我是不是跟爸媽住在一起，怎麼了嗎？跟這件事有什麼關係呢？

糖老大 這就是我想接著講下去的問題。我們長大了、成家了之後，我個人是傾向不要跟父母住在一起，一個家庭都可能會吵吵鬧鬧了，何況是兩個家庭的結合，再加上如果有第三代，問題就更複雜了。

業師父 但是在我們一般的傳統觀念裡，跟父母住在一起才可以盡孝道啊，沒住一起要怎麼孝順父母？

糖老大 有個觀念我想先釐清一下，「孝順父母」跟「住在一起」，基本上是兩件事情。誰說孝順父母就一定要住在一起？誰說不住在一起就不能孝順父母？

業師父 我們做子女的在生活上，本來就應該要照顧父母啊。父母把我們養育那麼大，這也是應該要做到的報答吧。子曰：「父母在，不遠遊；遊必有方。」父母要就近照顧，我們做子女的也才會安心啊。

糖老大 我的意思不是要你離父母遠遠的無法照顧到，我只是說不要住在一起。要盡孝道，也可以住附近啊，這是不是也是一個方法呢？你剛剛講到「報答」這件事，也讓我想到，西方人沒有像東方人一樣的有

「養兒防老」的觀念，西方人認為，孩子大了就應該要獨立、應該成家。「成家」就是成立一個家，一切都從你開始。但東方人這樣的觀念還是比較薄弱，父母跟孩子之間的繫絆太強，「啃老族」這個名詞就是這樣觀念下所延伸出來的。

業師父 但我們不是要啃老，我們是想要盡孝道。這樣的想法有錯嗎？

糖老大 想法當然沒錯，也是應該的，但住在一起並不見得就是盡孝道最好的方式，尤其是在這個年代。

業師父 盡孝道跟我們在哪個年代有關係嗎？

糖老大 當然囉，以前農業時代，家裡的農地需要有人耕種，一定是家裡的男丁來肩負這個責任，所以這樣的文化，就形成了大家庭住在一起的觀念。三代、甚至是五代同堂也很常見，而且當時的資訊比較封閉，大家知道的事情都差不多，而且大部分也都是長輩所傳下來的，儘管還是有自己的想法，但還是會以長輩說的為主。

業師父 這麼說倒是沒錯。

糖老大 現代的生活，勞動力已經精緻化，自己一個人可能就可以完成一個工作，當然也不一定需要所有親戚家人都住在一起，而且人多是非多，你應該也聽過

除了電視上看到的，實際上發生的爭奪家產、兄弟鬩牆之類的情節吧。

加上現在資訊發達，我們得到的知識已經不全然是由長輩傳授給我們的了，知道得越多，越容易產生認知上的鴻溝，加上如果沒有好的溝通的話，這樣在生活上摩擦的情形會更嚴重。

有時候，與其把差異那麼大的兩端硬是放在一起，造成衝突；不如有點適當的距離會比較美，也會更珍惜彼此的時光，問題也會減少很多。如果是搬到父母的附近住，一樣是可以互相有照應啊。

你說要住在一起才能盡孝道，我倒是認為，如果住在一起，每天摩擦不斷，不論是對父母或是對你們，才是最痛苦的生活方式。

業師父 這麼說是有那麼些道理。但是單親家庭呢？或是只有爸爸或媽媽。這樣總該要跟父或母住在一起吧？不然誰來照顧他們？

糖老大 現在社會的離婚率高，進而產生許多單親爸爸、單親媽媽，將來這樣的情況勢必會越來越明顯，但我還是認為，如果父母沒有特殊情況，例如身體上或精神上的，還是不一定要住在一起。

業師父 喔？怎麼說呢？

糖老大　根據在台灣的研究，單親家庭中，單親媽媽佔了比例的七成。

業師父　七成？比例那麼高啊？為什麼呢？

糖老大　從前大部分單親家庭原因都是來自於配偶死亡、失蹤，到現在很多來自於未婚生子、離婚，加上女性的經濟可以自主，所以單親家庭越來越高的比例，是由媽媽來當家。

業師父　我猜一方面也是單親爸爸比較按耐不住空虛、寂寞、覺得冷，再娶的比較多吧……哈哈哈。

糖老大　業師父，雖然你說的是玩笑話，但並不是沒可能喔。畢竟在在心理特質上，女人的確比男人堅強多了。

業師父　這倒是，我身邊離婚的男人大多會再娶，離婚的女人，通常都會自己一個人把小孩帶大，這點我就十分尊敬。

糖老大　當然，這樣偉大的情操與母愛，真的讓人很尊敬。但我們就事論事，從實際面看，這樣的結果也埋下了以後可能產生衝突的種子。

業師父　衝突的種子？這不是一個美談嗎？怎麼好像變成了一個不應該要發生的事？

糖老大　不是說不應該，而是說就我過去所接觸的個案，確實有許多延伸的問題在這樣的情況下發生。

業師父 怎麼說呢？

糖老大 我發現，有很多單親媽媽帶大的孩子，小的時候沒有什麼大問題，但在孩子長大之後生活，常常會有媽媽伸手介入甚至攪局的情況，尤其是孩子的感情生活，或者是使用「情緒勒索」，最後造成親子間的摩擦與衝突。

業師父 什麼是「情緒勒索」？

糖老大 如果你的媽媽跟你說：

「對啦，長大了，翅膀硬了，我的話都不要聽了。」

「沒關係啊，你儘管去啊，最好是不要管我好了。」

「我為了你付出那麼多，從小把你帶大，你居然不聽我的話。」聽到這些「金句」你覺得如何？

業師父 ……不舒服耶，感覺好像是我對不起她的一樣。

糖老大 就是囉。「情緒勒索」就是對方用情感讓你，不想或不舒服，卻又只能勉強做出你自己不同意，卻又不敢吭聲的行為。

業師父 對啊，別人講也就算了，自己父母這麼說，就會感覺自己有違孝道，最後還是會乖乖就範。

糖老大 這也就是會造成衝突的原因。

父母親為了子女，奉獻一生，犧牲了自己的幸福，成就了子女的生命。全身灌注的投入在養育孩子上

面，當然也會期望自己能在孩子長大後能看見自己、感激自己、甚至回報自己，這是人之常情。在孩子小的時候，可能會說：

「只要孩子快樂就好，我不期望什麼。」

但隨著孩子越來越大，甚至成家立業、娶妻生子，頓時失去心理的依靠，就比較會產生我所說的「情緒勒索」的情況。但孩子大了，例如女生要嫁人，總不能買一送一，娶老婆送一個岳母帶回家吧？

業師父 哈哈哈，當然不行囉。這像什麼話。

糖老大 對啊，那既然這樣，女生嫁到男生家，卻還要跟著公婆一起住，是不是相對的也沒有什麼道理呢？

業師父 其……其實也是有人願意跟岳母住的情況啊。

糖老大 我的重點不是在於爭辯跟男方公婆住，還是跟女方岳父母住，我想說的其實還是在前面說過的，如果能夠分開住還是比較理想，衝突磨擦會降低很多。

對於父母，特別是單親父母來說，要理解「真正的愛，就是放手」的道理。相同的，對於孩子也是一樣。並不是說我們就不用去照顧曾經為我們犧牲奉獻一切的父母，而是不一定需要住在一起。住在附近，也是可以每天去找父母吃吃飯、聊聊天，然後各自回到自己的家庭生活，互不干擾，這就是很好

的「人我界線」。但如果不小心因為工作、或其他情況不得已得住得很遠，那父母要學習的就是「祝福孩子」了。所以「朋友」就變得很重要。

業師父 朋……朋友？糖老大，我們從婆媳問題講到要不要住在一起的問題，怎麼現在變成在講朋友了？

糖老大 朋友很重要啊！父母除了彼此之外，有了朋友，情緒才不會完全寄託在孩子的身上。遊山玩水、談天說地、彼此關懷扶持，讓自己有一個健全的人生，不一定要靠孩子來達成，尤其是單親的爸媽，更是需要朋友。

業師父 簡單說就是，父母如果有了朋友，就比較不會去找孩子的麻煩嗎？

糖老大 可以這麼說喔。

人生的順序

糖老大 另外有一個問題我覺得也很值得討論的，就是很多媽媽都會碰到的情況，就是「順序的問題」。

業師父 「順序問題」？你指的是那一個部分？

糖老大 簡單來說就是，很多媽媽會把小孩放在第一位。

業師父　媽媽把孩子放在第一位，不是天經地義嗎？這會有
　　　　什麼問題呢？

糖老大　你知道嗎？這個看起來不是問題的問題，其實是很
　　　　多婚姻的殺手，雖然不是立刻就會顯現出來，但日
　　　　積月累才是之所以嚴重的關鍵，就跟「溫水煮青蛙」
　　　　的道理是一樣的。

業師父　有那麼嚴重嗎？我不是很能認同耶。一個家庭的核
　　　　心，理應放在孩子身上不是嗎？孩子是一個家庭未
　　　　來的希望，盡全力照顧不是父母親的天職嗎？尤其
　　　　是母親，懷胎十月，與孩子的關係一定是最親密的，
　　　　不把孩子放在最重要的位子上，我實在想不出應該
　　　　要放在什麼地方。糖老大，如果是你，你的優先順
　　　　去會是怎麼樣的排列呢？

糖老大　要我說，我會把夫妻關係在第一位、親子關係其次、
　　　　原生家庭最後。

業師父　夫妻關係放第一？如果跟孩子的關係不好，一定會
　　　　影響到夫妻之間的關係不是嗎？我身邊看到的家長
　　　　之所以會有摩擦，常常都是因為孩子的因素。

糖老大　可能是因為業師父跟很多人一樣誤會了，所以反因
　　　　為果。我們把重點放在有狀況的親子關係，所以推
　　　　出來的果當然就是因此導致夫妻關係不和睦。

這樣吧，我們換一個角度來看這件事。業師父，請問你身邊的朋友或家長夫妻感情好的，他們跟自己小孩的親子關係融洽嗎？

業師父 嗯……我想想，經你這麼一說，想想好像真的，感情好的夫妻或家長倒是比較沒有聽他們提到與自己孩子有什麼重大衝突，都很和樂的感覺。

糖老大 是啊，很多人習慣性的會在孩子出現問題時，把重點一直放在如何糾正孩子這件事上，有時候其實問題是在父母身上。所以如果想要有一個良好的親子關係與溝通，良好的夫妻關係是一定必備的。

業師父 換個角度想事情，真的有很大的不同。我們常常歸咎事情「不好的時候」，原因是什麼，所以常常會導向「不好的結果」，但如果把重點放在「如何可以更好」上，反而可以比較清楚我們可以做些什麼。

糖老大 沒錯，雖然業師父這段話說的有點哲學，但其實就是這個意思。簡單說就是：你想要什麼樣的果，只要知道種什麼樣的因就對了。

業師父 不過，很多制約的觀念真的需要時間來學習轉換就是了。你剛剛在排序時還說了一個「原生家庭」，這是什麼意思，為什麼會這樣排？

糖老大 通常一個家庭是由兩個不同的家庭組合而成，包含

夫家跟娘家兩邊的原生家庭，因此，盡量不要把各
自原生家庭的問題，帶到自己的家庭中。例如：

「老公，我弟弟需要一筆錢周轉。」

「老婆，我們老家要翻新，我身為長子，整件事應
該要我來負責。」

這些聽起來好像沒什麼殺傷力的話，好像是為了整
個家族所做的事，有時候也是造成婚姻衝突的導火
線。所以我會把「原生家庭」的順序放在最後。

業師父　說起來，在東方的社會裡，依照你說的選項，比較
偏向：原生家庭在前、親子關係次之、最後才是夫
妻關係。好像夫妻關係不用做什麼就會自然好，也
不是那麼重要，成就家庭與孩子才是第一要務。

糖老大　就是現在流行語的「佛系夫妻」嗎？

業師父　挺貼切的。不過你說的排序，難道沒有例外嗎？

糖老大　當然有啊，這些順序都只是原則，不是不能夠動搖
的。例如公婆生病了，我們不可能說：

「爸媽，不好意思，今天是我們的結婚紀念日，明
天再帶你去看醫生。」

也不可能在自己家人公司只差幾萬塊就可以周轉
時，硬是堅持不把錢借給家人，這樣真的怪怪的。

還是可以因時制宜、因人制宜，只是一般情況上不

要為了親子關係與原生家庭而犧牲了夫妻關係，畢竟「夫妻」才是一個家庭組成的原因。

業師父 東方人說：「百善孝為先」。

所以我們都會把「孝順」也就是你說的「原生家庭」放在第一位。難道西方人不是這樣想的嗎？

糖老大 西方人重視所謂的「人我界線」，而且分得很清楚，孩子成年時，爸媽會鼓勵小孩外出獨立。父母責任已盡，其他的就讓孩子自己去闖，爸媽繼續過兩人生活。就因為這樣，夫妻倆平常關係的建立與溝通更為重要。否則在孩子獨立後的生活，每天相敬如冰、大眼瞪小眼，這樣的生活也挺乏味的。

業師父 是的，看到有些長輩孩子出國念書，他們在家可能一整天話都說不到幾句。

糖老大 夫妻關係和諧，自然親子間的互動也會和諧。如果只重視親子關係，夫妻關係不一定和諧，夫妻不同調，紛紛擾擾的也很難會有良好的親子關係。

業師父 糖老大，關於經營良好的夫妻關係，有沒有什麼好方式可以傳授一下？

糖老大 我覺得夫妻的「單獨」活動是必須的。

所謂的「單獨」，當然指的就是只有夫妻兩人，不帶其他閒雜人等，也不是與朋友聚會，就是只有兩

個人一起做些事情，例如：吃飯、看電影……每月可以找出一天或一個下午，一季來個兩天一夜的輕旅行都是不錯的選擇。

業師父 說起來很理想化，但現在的父母，尤其是小家庭，孩子要怎麼照顧？而且你之前也說過，不要跟父母住在一起，孩子的照應就會是個問題啊。

糖老大 所以我之前才會說：「分開住，但就住附近。」就是這個道理，可以彼此在需要的時候有個支援，但卻又不會造成平日生活的干擾。除了家人協助，有一個「臨時保母機制」也很重要。

臨時保母

業師父 「臨時保母」是什麼概念呢？要去哪裡申請？

糖老大 臨時保母不需要申請，你身邊到處都是。

業師父 到處都是？我沒有認識有保母證照的人啊？

糖老大 業師父，我是逗你玩的啦。

我說的「臨時保母」指的是自己的父母，也就是爺爺奶奶、外公外婆，自己的好朋友、好閨蜜、信任的鄰居，也或是一樣有同齡孩子的父母、孩子同學

的爸媽……等，都是臨時保母的好人選。如果夫妻兩個想要去兩天一夜的小旅行，培養一下感情，孩子就可以交給臨時保母照顧。

業師父　這樣說好像也是，不過爺爺奶奶願意照顧是理所當然，但是那些鄰居或是孩子同學的父母之類的，交給他們照顧，姑且不論信不信任，要麻煩人家照顧自己的孩子，好像有點說不過去，不太好意思呀。

糖老大　所以囉，一定要花一點時間付出，先有捨才有得。從平常就要先培養孩子「玩」的人脈，有了一群可以一起玩的好朋友，就可以一起約約對方的爸媽一起吃飯、一起出遊之類的。當然最重要的，是可以安排邀請對方的孩子到自己家裡住個一、兩天，讓對方的家長有時間可以獨處一下。有了幾次這樣的邀請，雙方對彼此也更熟悉，人都是這樣的禮尚往來，我們對對方好，當我們有需要的時候，對方一定也會出手相助。這些都是需要不斷刻意的安排，由我們先去照顧別人的孩子，對方也一定非常願意照顧我們的，就是東方人常說的「禮尚往來」嘛。

業師父　但是總覺得孩子還小，放心不下他們在別人家，有沒有禮貌啊、會不會造成人家麻煩啊、吃不吃得飽啊……之類的。你知道的，父母總是會操很多的心，

尤其孩子不在自己身邊，而是到別人家打擾時。

糖老大 我看過大部分家中有父親或母親過世的孩子，99.9%都會自己長大，不會因為父母親不在身邊就停止成長，孩子都有自己的生存之道。更何況也才離開一、兩天，實在沒有什麼好擔心的。與其說孩子離不開爸媽，倒不如說是爸媽離不開孩子。

回到剛才說的，所以夫妻關係在日常的培養很重要，重心才不會一直放在孩子的身上，對爸媽或孩子來說，彼此的壓力都可以減輕許多。再往前說，所以我認為成家雖然不要跟父母住一起，但可以住附近，原因就是爺爺奶奶絕對是戰力最強大的「臨時保母」啊。

業師父 嗯……很有道理，我們兩家的小孩也是常常玩在一起，你對孩子又那麼有辦法。是不是我也找一天把小孩放到你們家住個兩天，我跟老婆去度個小蜜月，也讓我父母休息一下，偶而過點輕鬆的日子，不用幫我們看孩子。

糖老大 歡迎是歡迎啦……只不過……

業師父 啊？糖老大有什麼難處嗎？

糖老大 難處倒是沒有，……但你記得我剛才說的話嗎？

業師父 剛才？你說的是哪一句？

糖老大　我說啊「先有捨才有得」。

　　　　　我明晚想跟我老婆去看場電影，正想說孩子可以借放誰家，既然提起了……明天就麻煩你們幫我們照顧一下囉。

業師父　那有什麼問題，我還以為是什麼大事咧。用一個晚上可以換我們夫妻輕鬆兩天，實在太划算啦。

糖老大　哈哈哈，業師父真的很會做生意，難怪你的道場生意總是那麼好。那我們就這麼說定囉。

第六篇

我們不一樣

06 / 我們不一樣

　　一天，天氣晴朗的午後，業師父與糖老大兩家人一起到公園野餐，兩家的小孩在草地上奔跑、歡笑，大人們坐在草地上聊著天。突然一陣安靜，接著，孩子們那傳來了一點爭執的聲音，糖老大的孩子走到爸媽面前說：

　　「我剛剛只是想跟他借玩具玩一下，他卻不借我。」

　　業師父一聽，立刻把自己小孩叫到面前問他說：

　　「為什麼你的玩具不借人家玩呢？我們做人不可以那麼小氣，知道嗎？借別人玩一下不會怎麼樣的。」

業師父的孩子一臉心不甘情不願地站在那邊，玩具要給又不給出去的樣子。這時候糖老大上前摸了摸業師父孩子的頭說：

「沒關係，你的玩具可以不用借我們家的小朋友玩，等到你想借的時候再借他，這樣好嗎？」

業師父的兒子點點頭，糖老大轉頭也對自己孩子說：

「這個是他的玩具，如果他不想借你，我們是不是可以先玩別的東西，等他想借你的時候就會借囉。先去玩旁邊的溜滑梯，好嗎？」

糖老大的兒子也點了點頭後，就往溜滑梯的方向跑去，業師父的兒子也一去了，沒多久，業師父的兒子就把他的玩具借給糖老大的孩子玩了。

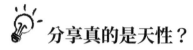

分享真的是天性？

業師父不好意思地跟糖老大說：

業師父　真不好意思，我們家兒子有時候會比較霸道，不懂得分享，讓你見笑了，回去再好好說說他。

糖老大　業師父不用不好意思啊。他本來就不一定把玩具分享給別人，有時候我的孩子不想分享，我也不會要求他們一定要跟別人分享。

業師父　可是，懂得分享、願意分享也算是一種美德啊，從小不開始培養與人分享的習慣，長大後我擔心他會變成一個自私自利的人，那就來不及了。

糖老大　這點我倒是覺得業師父想太多了，雖然人家總是說「分享是一種天性」，但實際上，並不是所有人都願意分享的，不要說小孩了，我們大人也不一定什麼都願意跟別人分享，不是嗎？通常在這三個情況下，小孩會分享：

1. 小孩本身就是個樂於分享的人：

這是所有爸媽都希望的，但當分享過頭的時候，卻會讓人家覺得他太好說話、甚至沒有原則。當然，這是比較極端的情況，不一定都是如此。

2. 小孩從分享中得到好處：

藉由分享去得到別人分享的東西，以物易物的概念，他們喜不喜歡是一回事，從中可以得到另外想要的、甚至是得到旁人的稱讚，也是不錯的收穫。

3. 就是被父母要求要「樂於分享」：

這也是大部分孩子所面臨的情況，爸媽引導、要求孩子分享無可厚非，但也要看孩子天生的個性以及當時情況，最重要的還有語氣與用詞。

業師父，你還記得小的時候本來就喜歡分享嗎？

業師父 小時候……不記得了，但我覺得分享應該是種與生俱來的天性，因為這樣，才更要讓他們知道分享的重要性，還有讓他們有樂於分享的觀念，不是嗎？

糖老大 是啊，你說的沒錯。雖然分享這件事我們或許不是那麼喜歡，在傳統禮教的包裝下，似乎也變得理所當然。分享，的確是我們的天性，每個人的天性都有一種良知，例如：有人掉進水裡，我們會想要去救，這就是良知；殺人放火等於泯滅人性，這就是良知；樂於分享不會獨佔，就是良知；所以我有玩具，希望跟別人分享，就是良知。

若大人很容易把這些普世價值，硬要小孩去遵守，孩子不遵守，就是破壞了普世價值，這時候就會變

成「養不教、父之過」。業師父，你還記得前一陣子綜藝天王吳宗憲兒子的例子嗎？

業師父　你說的是……他兒子在社群網站上貼了一篇不當言論，後來被報導出來後，吳宗憲帶著他兒子開記者會道歉的新聞嗎？

糖老大　是啊，那次他在記者會上罵兒子罵得很兇。先不說他這樣做是不是在做止血動作，但是在意義上表示了，他兒子違反了社會上的普世價值，做出了不恰當的言論，所以我身為孩子的爸爸，而且又是有影響力的公眾人物，一定要出來罵孩子給大家看，吳宗憲就是示範了「子不教、父之過」。不過就我來看，這樣的事情發生並不能怪父母。

業師父　既然說「養不教、父之過」了，為什麼父母不該負起責任，開記者會罵自己小孩呢？

糖老大　如果孩子還小，這樣做當然無可厚非，爸爸自己罵，反而還有保護自己小孩的作用，大眾也會想：「爸爸自己都罵成這樣了，我們好像也不用再說些什麼來指責這年輕人了」。不過我要說的是，現在的他，已經長大、成年了，自己做的行為就應該自己出來負責，承擔自己做出來的事所應該承受的後果，怎麼會還讓爸爸出來說話。但換個角度講，這次的事

件，吳宗憲也算是「神救援」啦。

業師父 這件事好像跟「分享」沒什麼關係耶。

糖老大 是沒有直接的關係，但我要說的是「普世價值」這件事，父母往往會因為孩子違反了普世價值，而有所反應、動作、甚至是情緒。剛剛也說過，「分享」就是我們所認定的普世價值之一，所以這也是你之所以重視的原因之一，不是嗎？

業師父 是啊，這是大部分的人所認同的，所以我重視。糖老大，難道你對孩子在這一塊不會重視嗎？

糖老大 我們在社會上生存，本來就需要遵守「普世價值」，但在「分享」的觀念上，我認為不需要直接扣孩子帽子、甚至語帶威脅。

業師父 扣帽子？威脅？可以打個比方嗎？

糖老大 扣帽子跟威脅的說法可多了呢，例如：

「不分享就是不乖的孩子喔。」

「不分享就是自私的孩子喔。」

「如果不分享，大家都會討厭你喔。」

業師父 這些話……我倒是曾經有說過啦。為的只是想讓孩子知道這件事的重要性。

糖老大 我們當然可以讓孩子知道事情的重要性，但總有更適合的方法，而不是批判。「不乖」、「自私」、「會

被討厭」，都是一些負面而且帶著些批判的詞句。我們應該要了解的，是冰山下的東西，孩子不想分享的背後是不是有一些我們所不知道的原因。

業師父　那我們應該要怎麼做才是不帶批判、威脅，而又可以讓他們了解我們想要表達的呢？

糖老大　我們拿孩子不想分享玩具這件事情來說好了，我們可以問：

「你能不能跟我說說，玩具為什麼不想借給其他朋友玩呢？」

孩子的答案或許會是：

「因為上次我跟他借玩具他也不借給我。」

「上次我借給他，結果他就把我的玩具弄壞了。」

「我現在很想玩，借他我就沒有玩具玩了。」

如果他們講出原因，就可以跟他們聊一聊情緒了。

先解決心情，再處理事情

業師父　「情緒」？為什麼要跟他們聊情緒？不就是針對他們的問題，父母找到一個處理的方式嗎？

糖老大　在我的經驗裡面，對於孩子的狀況最好的處理方

式，就是「先解決心情、再解決事情」，其實不只小孩，用在大人的人際溝通上也很適用。解決了心情，然後再看看事情發生背後的原因，知道了原因，問題自然就可以得到比較適當的處理。

業師父 喔！那在這種情況下，我們可以怎麼聊呢？

糖老大 就拿剛才說的「因為上次我跟他借玩具他也不借給我。」這個例子來說吧，這時候我們可以問孩子：

「因為上次他不借你，這次你也不想借他嗎？」

再次重複孩子說的話，一方面是確認孩子說的話，二方面是可以讓孩子知道我們確實有在聽他們說話。接著我們可以問：

「如果上次他有借你，這次你會不會借他呢？」

這時候我想大部分的孩子會說「會」吧。

這樣大概就可以確定他不借的原因，不是因為他天生不喜歡分享，而是另有其他原因，如果這個原因拿掉了，他還是很樂意的分享玩具。之後我們就可以跟孩子說：

「我們跟他這樣說你看好不好，我們說：這次你的玩具借他玩，下次也請他把玩具借你玩好嗎？」

業師父 若是剛才說的另一個例子「上次我借給他，結果他就把我的玩具弄壞了。」，我們可以怎麼說呢？

糖老大 這種情況，我們可以跟孩子說：
「如果你怕他把你的玩具弄壞，我們這次請他要小心地照你的方式玩，不可以再弄壞了。這樣子你願意借他玩一下子嗎？」

業師父 你這麼舉例是沒錯，前提是這孩子原本也是願意分享的狀況。但總是會有天生就不愛分享的，甚至是很難溝通的孩子，這種情況該怎麼處理呢？

糖老大 當然一定會有這種情況，尤其是年紀越小的孩子，越不能用理智去溝通。不過我的重點還是在於「有情緒的時候溝通是心情，沒情緒的時候在溝通事情」。如果孩子當時是很有情緒的，例如大哭大叫，本來就聽不進去任何的話，這個時候如果爸媽硬是說教、甚至是用強硬的手段要求孩子把玩具讓出，這就失去原本「分享」的意義了，而且對孩子來說，內心是有傷害的。

業師父 要求孩子把玩具分享出來，這樣會有傷害？會不會說得太嚴重了一點？

糖老大 我們不先講小孩好了，就拿我們大人來說，例如我最心愛、寶貝的跑車，你想跟我借去兜風，但我實在是不想借，你卻說我自私、小氣，不過就是借開一下也不會怎麼樣。我就是非常寶貝我的愛車，但

是被這樣的指責、扣帽子，最後我還是因為怕被說話，而心不甘情不願的借了，這種感覺是不舒服的，小孩當然也是一樣，大人會把跑車當寶，小孩一樣會把他的玩具當作是無上至寶。

既然談到這裡，就有一個比較深入的議題可以再討論，就是風險的承擔。

風險的承擔

業師父　風險的承擔？糖老大，你怎麼說的越來越嚴重？

糖老大　哈哈，可能我的用詞太過於驚悚吧。其實也不是那麼嚴重，你聽聽看吧。以借車的例子來說，我可能會想，今天車如果不借你，是不是哪天我想跟你借你最心愛的木人樁來練練身體，你也不會借。

業師父　哈哈，怎麼會拿車子跟木人樁比啊？比起來車子一定實用的多啊，這樣不成比例吧？

糖老大　是啦，這樣的確不成比例，但你應該明白我的意思，我想說的重點是，如果我的東西今天不借人，哪天別人的東西也不會借我。這個就是我說的風險承擔，意思是說我們願不願意去承擔，別人之後可能

也不願意借我東西的風險。

而小孩呢，每個年紀都會有每個年紀不一樣的狀況還有處理方式，通常一、兩歲的孩子比較無法跟他們講道理，我們能做的，就是先安撫他們的情緒，等情緒平靜後再慢慢說。到了三、五歲，就比較可以就事論事的說明事情了，例如：

「如果你不借的話，以後別人可能也不會借你玩具。如果是這樣的話，你會不會也覺得沒關係、覺得不開心呢？」

預先把後果跟孩子說明，讓他們有選項可以思考，然後我們可以讓他們「有條件」的答應，例如：

「我們就借他玩十分鐘，你覺得怎麼樣？」

當然最後孩子還是決定不要借也沒關係，只是他就必須去承擔別人以後可能不會借他玩具的後果。就像是喝酒之後還開車，業師父你覺得可以嗎？

業師父　酒後駕車，當然是不可以啊，太危險了。

糖老大　不，當然可以的。

業師父　啊？為什麼可以？

糖老大　當然可以酒後駕車啊，只是，在酒駕之後，他就必須去承擔酒後駕車所產生出來的一切責任：臨檢、車禍、罰錢、吊銷駕照、甚至是傷亡，為此付出代

價，總不能只享受權力卻不付出代價吧。

業師父　糖老大的例子有時候真的是讓人覺得驚心動魄，但
　　　　是卻又很清楚的點出重點，佩服佩服。雖然你說如
　　　　果孩子最後決定還是不分享，他就必須自己去承擔
　　　　風險，但我們身為家長，應該怎麼面對他們跟我們
　　　　想法的出入呢？畢竟他們的決定跟我們所期望的是
　　　　不一樣的。

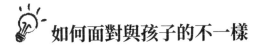 如何面對與孩子的不一樣

糖老大　不知道業師父小時候有沒有那種，「很想幹嘛爸媽
　　　　卻不讓我們幹嘛」的經驗呢？

業師父　當然有啊。想吃糖，爸媽說會蛀牙；想晚睡，爸媽
　　　　說會賴床……這樣的例子太多了，我想大家都應該
　　　　有這樣的經驗吧。

糖老大　那時候你有什麼感覺呢？

業師父　雖不服氣，但也只能接受。誰叫他們是我的父母，
　　　　我也只能聽話照做，雖然有時會生氣。

糖老大　現在你當了人家的爸爸，你怎麼看這件事呢？你的
　　　　孩子可以吃糖、晚睡嗎？

業師父 這……我們也不喜歡小孩吃糖跟晚睡啦。

糖老大 這時候，你的想法是什麼呢？為什麼轉變那麼大？

業師父 當了父母才知道，當初為什麼會被這樣要求。我們也知道吃糖跟晚睡對於小孩的傷害或影響，但一切都是為了保護孩子，不希望他們蛀牙跟賴床。

糖老大 這就是我想要說的。我們小時候，常常會有不被爸媽允許的情況，長大後自己當了爸媽，當自己小孩也有不聽話或者是作出違反自己期望的時候，就會開始體會到自己爸媽當初的感覺，了解當初爸媽心裡的不舒服，因為現在的自己就很不舒服。

業師父 是啊、是啊。所以人家都說：「養兒方知父母恩」。

糖老大 我們理性的接受了當時爸媽的情緒，卻忘記了去接受當初我們還是孩子時的情緒。當年我們不被允許的時候也都有很多的情緒，只是我們都忘了，所以長大以後我們就會衍伸出對孩子的情緒。

業師父 對孩子的情緒……只有生氣吧。

糖老大 那有沒有想過，你生氣的情緒是從哪裡來的？

業師父 這我倒是沒想過，請指教。

糖老大 我們因為忘了當初還是孩子時的感覺，所以會自然而然的用當初大人對我們的方式來對待自己的小孩，所以當初我們不被允許的，現在我們也不允許

孩子，在「不被允許」循環之下，我們就會冒出「當初我不被允許的事情，現在你憑什麼就可以被允許」這樣的聲音……生氣情緒也就自然就產生。

業師父 我覺得你這麼說不全然對，身為父母，當然是要為孩子做最好的決定，他們的想法跟做法有了偏差，當然要予以糾正才對，當初我們因為年紀小不懂事，現在長大了，知道什麼是對孩子好、什麼不好，才會對他們有所要求還有不允許，這樣沒有錯吧。

糖老大 我們當爸媽的，常會掉入一種「我都是為你好」、「我們會害你嗎？」的毒性教條中，表面上是對孩子好，但對孩子來說，這些都是帶有批評的感覺。

業師父 沒有批評啊，只不過是把我們的經驗跟他們說，要他們不要走到錯的方向，希望他們修正。

糖老大 我知道立意當然是好的，但是我們用這樣的想法與期望跟孩子說，他們會覺得：原來在你們心裡我做的不好、我的決定不對，所以要改掉我想的而去聽你們大人說的。久而久之，在爸媽的淫威下，漸漸的不敢做自己，或者是口服心不服。口服心不服我到覺得還有救，不敢做自己的孩子就很有事了。

業師父 有那麼嚴重嗎？聽爸媽的話，怎麼會有事？

糖老大 世界上沒有一種傷痛比「失去自己」還痛苦，這樣

的孩子，將來可變成懦弱、沒主見，甚至要花一輩子的時間去面對自己這樣的課題。

業師父　但是我們總不能讓孩子太過放任、我行我素吧？我們都希望孩子好，但不給予規範限制那要怎麼教？

糖老大　並不是要放任他們。而是要學著先縮小自己的權利，拿掉我們的頭銜、身分、情緒、成見、與主觀，用心聽聽孩子說什麼。為什麼很多人都說有個不聽話的孩子，其實是因為，有更多不聽話的大人。

不是孩子不聽話，是你不聽孩子說話

業師父　不聽話？做大人的要聽孩子的話？不就反了嗎？

糖老大　我說的「不聽話」指的是「不聽聽孩子說的話」。**但就算聽了孩子的話，最後還是硬要孩子聽爸媽的，這樣也不算是有在「聽話」喔。**

回到我們剛才說的，如果我們跟孩子的想法有出入的時候該怎麼辦。通常爸媽會要孩子聽他們的話，不外乎就是以「擔心」為出發點，就拿你說的例子好了，吃糖擔心會蛀牙、晚睡擔心會賴床等，越是以擔心為出發點的關心，往往越強勢，這樣的強勢，

只會讓孩子的主控權漸漸變小，甚至會依賴大人的決定而失去主見。

犯錯是人生必經之路，我們從小到大不知道犯過多少錯，既然會犯錯，不如趁早，越早犯錯的人生成本就越低，相反的，越晚的成本相對的越高。

業師父 犯錯也講究成本？何來成本之有？

糖老大 比方說吧，同樣是遇到詐騙，20 歲剛入社會的年輕人被詐騙，跟 60 歲已經退休的老人，你覺得誰的成本比較高呢？

業師父 當然是 60 歲的老人啊，20 歲的錢再賺就有，但 60 歲已經到吃老本了，想賺錢也力有未逮，就算可以，再賺也沒剩幾年了，報紙上常有寫退休老人因為被詐騙而自殺的案件。

糖老大 是囉，我們都知道年紀越輕，遇到錯誤與挫折要付出的成本相對較低，只要沒有立即的危險性、沒有作奸犯科、傷風敗俗、影響他人權益的前提下，身為爸媽，不如勇敢的放手，讓他們去承擔可以承擔的事情。

業師父 如果明明知道可能會失敗，我們還是要放手嗎？

糖老大 如果經過良好的溝通，最後孩子還是決定照他們自己的選擇，就算最後失敗了，至少孩子也得到了教

訓與經驗，可能還會體會「不聽老人言，吃虧在眼前」這句話呢。

業師父 放手，說起來簡單，做起來不易。有沒有什麼方式可以讓我們這些做父母的可以「放心的放手」呢？

糖老大 我覺得爸媽要學習的事情，就是，

傾聽而不帶批判：用心、耐心聽孩子講的話，盡量不要插嘴與批判。

依照年齡給引導：爸媽說明自己感受、建議、與尊重孩子的決定。

讓孩子自己承擔：盡量不幫孩子的決定擦屁股。

不要讓孩子當個唯命是從的乖乖牌，變得懦弱、沒主見；不要當孩子犯錯時當他擦屁股的衛生紙，會變得無能、不負責。

其實我們要做的很簡單，就是**相信、支持、與尊重**，讓孩子自己承擔自己所選，但我們還是可以在旁邊默默的觀察，這倒是沒有問題的。

業師父 聽完你的分析，倒是真的要好好先面對自己的問題才是。不過……在面對問題之前，我倒是有個問題想問糖老大。

糖老大 喔？有什麼問題請儘管問。

業師父 之前你提到借車這個例子，我想請問，如果我的木

人椿免費讓你打三年，你最近新買的跑車是否可以
借我開三天呢？

糖老大　業師父，這個風險是我承擔不起的，所以要跟你說
抱歉囉。但是，既然你那麼有誠意，我倒是可以載
你兜兜風。擇日不如撞期，不如等下野餐完，我載
你兜三圈吧。

　　這時所有孩子們聽到都圍了過來，爭先控後的也要搭
糖老大的新車兜風，糖老大也只能苦笑著答應了…

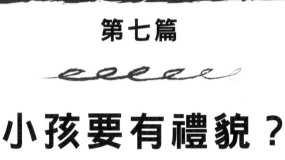

第七篇

小孩要有禮貌？

07 / 小孩要有禮貌？

　　一天，業師父和糖老大在路邊閒話家常，一個媽媽帶著小孩經過，看到兩人，打了個招呼，媽媽叫了孩子也跟兩個叔叔問好，但孩子卻躲在背後不出聲，媽媽把孩子拉到跟前硬是叫孩子問好，但孩子依然一語不發，媽媽一時不知道如何處理，便大聲的對孩子說：

　　「怎麼可以那麼沒有禮貌！」。

　　語後，場面一時尷尬。這時糖老大走過去，蹲在孩子面前跟他說：

　　「哈囉，小妹妹，今天我們第一次見面還不熟。我是糖叔叔、他是業叔叔，現在我們認識了。下次見面我們再

打招呼，好嗎？」

　　小孩先是愣了一下，點了點頭。

　　這時候，媽媽很不好意思的跟兩人道歉：

　　「糖老大、業師父真不好意思，是我們沒教好，小孩那麼沒有禮貌，讓你們見笑了。」拍了拍小孩的頭。

　　糖老大回答：

　　「沒事的，我們跟妹妹是第一次見面，本來就不熟，下次我們就熟了。」

　　離去時，媽媽苦笑著對兩人行禮，兩人對著小孩揮手道別，小孩依然害羞地回頭看著兩人，母女轉身消失在街角。

業師父　現在的孩子跟我們小時候比，真的比較不懂禮貌。

糖老大　喔？怎麼說？

業師父　從前無論是客人來訪，或出外遇到長輩，父母都會要求我們要懂禮貌、打招呼，如果沒做到還會換來一頓罵。久而久之我們見人就會問好、請安。這樣的好品格現在越來越看不到了。

糖老大　聽起來業師父對於禮貌這件事很重視啊？

業師父　當然囉，中華文化向來以禮自居、是個禮儀之邦，「禮貌」是做人做事的根本，沒有了這些，人格無法完全，更不要說做一個有好品德的人了。在我們道場，就十分重視「禮」，所以很多父母都會把孩子交給我們訓練「禮」。但我認為，「禮」應該是從父母、從家庭開始做起，自己以身作則，不應該交給外人來教育或訓練，這樣實在本末倒置。

糖老大　的確，我也發現越來越多爸媽因為沒有時間跟孩子相處，把一些原本應該在家培養的品格跟生活技能交給學校去管教。雖然現在少子化，但是一個老師還是要面對那麼多學生，真的沒有餘力去一個個手把手的個別教育。把爸媽自己應負的責任推到學校、老師身上，實在不是很恰當。

業師父　是啊，所以我才感嘆現在的孩子比較不懂禮貌。

糖老大 不過，要有禮貌是一回事，但不知道業師父有沒有發現，在華人世界裡，爸媽在外要求小孩要有禮貌、要叫人，類似事件很多。像剛才的情況，媽媽要小孩叫人，孩子不叫，就會逼著他叫。我之前還遇過一位爸爸，他的孩子沒有問好，當下從背後打下去，搞得在場的大人都很尷尬。

業師父 當場打小孩的確不妥，但要求小孩在外要有禮貌有什麼不對嗎？我們一直以來都是這樣教育孩子的，不是嗎？

糖老大 爸媽希望孩子有禮貌、懂規矩是理所當然，尤其我們身在華人世界，孩子這部分的表現，同時也反映了這個家庭的家教。對爸媽來說，孩子有禮貌、懂規矩也讓人感覺家庭的好家教，爸媽都有在教。

業師父 是啊，孩子的表現往往來自父母的教導，無論是言教或身教。

糖老大 這些都無可厚非，很多時候爸媽這樣的想法，往往來自於自己的認知，但卻缺忽略一件重要的事，就是要「尊重孩子意願」。

業師父 怎麼要求禮貌這件事又跟尊重孩子意願這件事扯上關係了？我不太了解你的意思，怎麼說？

糖老大 這麼說好了，請問業師父，你理想中希望自己的孩

子有什麼樣的人格特質呢？

業師父　我想想……如果是我理想中的孩子，我希望他是活潑、大方、有禮貌、守規矩、願意分享、懂得表達自己、還有……

糖老大　好的、好的，業師父，再讓你講下去天都要黑了，哈哈。我只是這樣一問，你的腦海裡就已經跑出那麼多對於自己孩子期望的想法。但實際上，業師父的孩子是不是每樣都有達到你的期望呢？

業師父　當然沒有囉，他們能達到我期望的十分之一我就謝天謝地了，我想世界上也沒有十全十美的小孩吧。

糖老大　是啊，雖然在現實上沒有這樣完美的小孩，但是在爸媽的認知裡，他們的小孩就「應該」要往那樣的完美前進。就拿你為例，你會希望自己的孩子雖然不一定是那樣，但至少要往活潑、大方、有禮貌、守規矩、願意分享、懂得表達自己……這些特質前進吧？這就產生了一個我們身為父母的盲點。

父母的盲點：孩子天生的差異

業師父　盲點？什麼盲點？

糖老大　這個盲點就是每個小孩天生的差異，我們忽略了。

剛剛講的例子有點多，範圍太廣，我們就縮小到剛才那位媽媽要孩子「有禮貌」這件事來說吧。

每個父母都希望自己的小孩要外向、不怕生，出外遇到長輩、朋友，最後是能訓練到他們自己會跟對方打招呼，不用爸媽說、爸媽叫。或許真的會有這樣的所謂「乖小孩」、「好孩子」，但可遇不可求，這也有可能來自於天生個性或是家庭環境所造就，可是大部分的孩子，對於要當一個有禮貌的小孩，是沒有什麼興趣的，甚至他們根本就不是一個敢跟別人打招呼的人，而我們身為大人，卻常常要叫小孩做出違反他們心理或特質的事。有時就算小孩勉強叫了，也搞得場面變得尷尬。

業師父 像是剛才那樣的情況嗎？是啦，那樣是有點尷尬。在我們面前說自己孩子沒禮貌，我還真不知道要怎麼回應她呢。我覺得剛剛糖老大處理的方式很好，讓這樣的尷尬可以化解。但換個角度想，如果我是那孩子的媽媽，我該要怎麼做？孩子真的就是沒有問好啊？到底是不會問好還是不想問好？還是我們沒教好？

糖老大 我覺得都是，但也都不是。

業師父 糖老大，你這樣的回答太賴皮，是就是，不是就不

是，怎麼會有「是，但也都不是」這樣的答案呢？

糖老大 我說的「是」，說的是爸媽在那樣的當下的確會有那樣的想法；「不是」，就是答案不全然是你想的那樣。回到我剛剛說的每個孩子的個別差異，有些孩子可能天生就羞怯，不敢表達；有些孩子也可能是想要表達，卻又不知道如何表達……類似的可能性太多了。可是爸媽通常都會馬上跟孩子說：

「你怎麼都不叫人？」

「你怎麼都不回話？」

「問你你怎麼不說？」

我們都希望孩子能當下立刻有回應，這樣才知道他們的狀況，也才能判斷要如何處理，但我們都忘記要「因材施教」了。只是一味的希望孩子依照我們給予的指示行動或回應，對於可能有一些原因使得他們不想說、不會說、不能說的孩子，變得更退卻，更不知道麼說，甚至更不願說。

業師父 「因材施教」的道理我能了解，我們身為老師、教練更能體會每個孩子的資質不同，給予適合他們的教導方式。但說來奇怪，對於自己的小孩，反而會有一種「旁觀者清，當局者迷」的感覺，以為自己很了解孩子，卻又在與自己期望有落差的時候和孩

子產生衝突，搞得兩邊心裡不舒服。

糖老大　「識材」，尤其是識自己小孩的材真的很重要，爸媽跟孩子的衝突，往往來自於彼此的不瞭解，在《PODA人格特質分析》（註一）裡把人分為五種動物屬性特質，有：

勇敢、積極、愛挑戰－－老虎

熱情、樂觀、愛分享－－海豚

耐心、和諧、會合作－－企鵝

程序、分工、重品質－－蜜蜂

整合、周延、有彈性－－八爪

業師父　人的特質居然可以用動物屬性分門別類，這挺有趣的。這些屬性，大人小孩都適用嗎？

糖老大　大人人格已經成熟，準確度相對比成長中的孩子來的高，我們可以用這些屬性的特質，來看小孩的個性及他們會有那些行為模式，初步做個判斷。

好比說，勇於表達自己意見、據理力爭的，可能就是積極、又勇敢的老虎；天馬行空、辯才無礙、不怕生的，可能就是熱情、愛分享的海豚；沒有經過自己證明或確認，就不會輕易發表意見的，可能就是切實、重品質的蜜蜂；想得多又遠，尤其不會在陌生場合發表意見的，可能就是謹慎又害羞的企鵝；

八面玲瓏，說出來的話比較籠統的，可能就是周延、有彈性的八爪了。

業師父 原來孩子的性格可以分成這五類啊，這樣看起來好像沒有那麼難捉摸。像我們剛才遇到的那孩子，糖老大你怎麼看？你覺得他屬於哪一種呢？

糖老大 我無法光看她剛才的表現判斷，其實這套系統是有測驗可以做，進而可以精確測出自己是什麼屬性的。不過從剛才她躲在媽媽後面，還有後來對我的回應看起來，或許帶有企鵝的成分比較高。

業師父 企鵝？因為她害羞內向、不說話嗎？

糖老大 是啊，但這也只是粗略的判斷。通常比較內向害羞的小孩會跟一種「高敏感族群」（註二）搞混。

業師父 內向？高敏感？這兩個的關聯性跟差別在哪？

糖老大 通常內向的小孩，可能只是單純天生的退縮、對外的社交羞怯或不太會與人交流；而「高敏感族群」的小孩，前面說的內在特質都一樣，但不同的是，他們對於內、外在環境所給予的刺激，例如噪音之類的，承受度會比較小，相對的敏感度比較高，也很容易被自己或他人的情緒所淹沒。這樣的特性，可能來自於基因或環境。但爸媽的教育風格，尤其是負面，例如：體罰、言語暴力、威脅恐嚇…手段

下的成長環境，絕對是很大的造成因素。

業師父　只是不擅言語的孩子，原來也有這樣的分別啊。以前我只覺得孩子只有分外向與內向，想不到光內向就有不同的區別。但要去區別他們是什麼樣的特質，是不是很困難？

糖老大　我覺得我們身為爸媽的，並不是要去「區別」孩子是怎麼樣的孩子，這樣很容易用預設立場去看他們。有很多的方式可以去測出孩子的特質，剛才說的，不是要去「區別」孩子，我是想藉這個例子來跟你分享，每個孩子都是那麼的不一樣，而我們要做的是「了解」。

　　「了解」不一定需要經過測驗，從跟孩子日常的相處、對話，都可以去了解我們孩子不一樣的地方，有外向、有內向、有害羞、有大方。身為父母必須要有雅量，在了解孩子後，要去接受他們跟我們所期望的可能有所不同，不是會打招呼的就是對的、不是活潑好動就是對的，他們是我們的孩子，不論他們天生是什麼樣的特質，我們都應該接受他、愛他，就像我們都希望自己的孩子名列前茅、考一百分。孩子考一百，我們愛他；如果他考了五十分，難道我們就不愛他了嗎？硬是要他想盡辦法、強逼

　　　　　硬逼考到一百分，不顧慮他的資質、意願、感受，
　　　　　這不是因材施教的概念，更不是「愛」。

業師父　也是，每個孩子真的都不一樣，只是我們希望他們
　　　　　能一樣。就像我家兩個兒子，弟弟是愛講話講個不
　　　　　停，要他閉嘴像要他的命；哥哥是非常不愛講話，
　　　　　要他開口比登天還難，但我們常常開玩笑，弟弟把
　　　　　十分之一的話給哥哥講多好。這樣聽起來，似乎我
　　　　　們應該要更尊重他們兩兄弟天生的差異，而不是要
　　　　　他們跟我們期望的一樣。

　　　　　尊重每個孩子的差異我能認同，不過回到「禮貌」
　　　　　上，如果不從小就開始培養，只一味尊重，他們不
　　　　　想說就不用說、不想做就不用做，長大之後不是會
　　　　　變得目中無人嗎？這年頭很多新聞，不懂長幼有序
　　　　　的逆倫慘案、不尊師重道的怒嗆老師，不都是因為
　　　　　沒有把禮貌做好嗎？我們應該要怎麼做？

對孩子的規範與尊重

糖老大　時代一直在變，思想也一直在變，從前由上而下的
　　　　　教育方式，在資訊爆炸的年代越來越不容易，也越

來越難讓孩子心服口服。我們做爸媽如果還是手拿藤條、口出惡言的管教，效果實在有限。我不是說我們要完全順隨孩子的個性特質，讓他們想做什麼就做什麼、想說什麼就說什麼。而是先了解他們各自的不同，用不同的方法去「引導」他們，而不是用單一的方式「管教」他們。這樣的方式，是建立在「尊重」上，當爸媽開始尊重孩子，孩子自然也會尊重爸媽，便能減少很多在溝通上的摩擦。

業師父　看來，我們之前都錯了。

糖老大　身為爸媽，愛孩子、希望他們更好的心沒有對錯，但我們常常會用自己的背景、個性去要求孩子，希望他們跟我們一樣，甚至更好。例如：一個醫生，很難接受他的孩子不學醫，如果他的孩子想要務農、經商、藝術家、歌手……都會覺得「那不是個工作」。業師父，你會希望你的孩子繼承道館嗎？

業師父　哈哈，是有這樣想過啦，所以我從小就教他們練拳，看我怎麼教學，但我好像也不能強迫他們，對吧？

糖老大　是啊，這真的強迫不來。我們用自己的眼光去期望、猜測，甚至希望孩子跟我們過一樣的生活才是正確的選擇，可是對孩子來說，那都不一定幸福。孩子一定要在外表現得落落大方，客人到家裡就要表演

才藝秀，才叫上得了檯面嗎？難道溫文儒雅、沉默內斂就不行嗎？我們要求大人要沉穩內斂，但孩子沉穩內斂反而就變成了大人口中的閉俗、害羞，這樣對小孩貼標籤並不恰當。

孩子不打招呼，常被扣上「沒有禮貌」的帽子，但或許這背後的原因可能是孩子怕生、沒安全感、或本來就是慢熟的個性，硬逼他們打招呼，對他們來說或許還真是種折磨，結果把場面搞得很僵，適得其反，爸媽受氣、孩子受傷。順著孩子的性格給予適性的教育，找到他們可以接受的方式，尊重並允許孩子跟我們期望的是不一樣的，說不定孩子會成為比我們想像更好的人。

業師父　看來我以後不要再一直叫我家的弟弟閉嘴、哥哥多說話了，要尊重他們說與不說的差別與權利。說到這裡……糖老大，你前面提到的什麼老虎、海豚、企鵝、蜜蜂、八爪的這幾種屬性，你覺得我會是那一種屬性？

糖老大　你？業師父不用看也知道，你當然是老虎啊。

業師父　老虎？怎麼說？從那邊看的？

糖老大　當然是老虎，因為你家兩個兒子都那麼優秀，人家說：「虎父無犬子」，所以當然老虎是非你莫屬囉。

業師父　哎呀！糖老大那麼會說話，這種八面玲瓏的特質想必是八爪囉。

糖老大　哈哈，我看還是讓業師父做個測驗好了，再這樣亂哈拉下去，我們都變成想像力豐富的海豚囉。

　　註一：PODA：Personal and Organization Distinction Assessment，先天人格特質，透過一套結合專業心理學、行為科學的人格特質工具，以老虎、海豚、企鵝、蜜蜂、八爪魚、五種動物來區分系統化的了解人性； 透過互動式教學理解彼此的人際互動風格，及行為模式，可以解決人際互動問題，提升人際關係。

　　註二：「高敏感族群」（Highly Sensitive Person）一詞，是由美國精神分析學者伊蓮艾融博士（Dr. Elaine Aron）於1996年所提出。敏感族很容易因為外在環境刺激而出現不適感，而且幾乎所有不舒服的感覺都會被放大。例如，他們待在太多刺激的環境中就想逃離、對於短時間內要應付很多事感到煩躁、很容易被別人的情緒影響、不喜歡犯錯、容易自責等等。由於反應出來的行為較為纖細，也因此，常常會被周遭人說「想太多」、「瞎操心」、「太玻璃心了吧」。

第八篇

養子不教誰之過？

08

養子不教誰之過？

　　一天，業師父在自助餐店買午餐，一個身穿國小制服的小胖弟突然插隊在他們前面，業師父便出口告誡。胖小弟轉頭沒好氣的說：

　　「我哪有插隊？是你們自己沒有往前站耶！」這一說，讓正氣凜然的業師父也怒了，當場訓了胖小弟一頓。一旁正在滑著手機胖小弟媽媽，衝了過來擋在前面對著業師父說：

　　「不就只是插隊嗎？又沒什麼大不了的事，你憑什麼訓我兒子，你誰啊你！走！兒子，我們不買了！」

　　說完就拉著胖小弟走出餐廳，胖小弟還不忘回頭對業師父做鬼臉。業師父也只能無可奈何地搖搖頭。

　　業師父回家途中遇到糖老大，便聊起了這件事。

業師父　糖老大，有這樣的母親也難怪會有這樣的兒子，你說是不是？孩子的教養真的很重要，小孩應對進退不得體就罷了，沒想到大人也是刁鑽不講理。

糖老大　業師父你是該生氣，還好你碰到我有人可以說出來，發洩一下情緒。聽起來，這個小孩的父母的確在教養上出了很大的問題，他們本身如果沒有禮貌，小孩本身也不太可能知所進退。

業師父　事情過了就算了，我說一說也沒那麼生氣。但這位母親在胖小弟的教養上應該要負最大的責任。

糖老大　媽媽？為什麼是媽媽的責任？

業師父　當然啊，我們東方的觀念裡面「男主外，女主內」，男人在外工作、應付老闆客戶已經夠累的了，哪有時間管小孩。小孩的規矩當然要母親來教育啊。

糖老大　但是現在很多媽媽也都是職業婦女，也在外面工作、應付老闆客戶，不是嗎？

業師父　話雖如此，但母親懷胎十月，跟小孩連結是最深的，本來就會了解自己的孩子多一點，爸爸能插手的機會有限。

糖老大　我發現在東方，尤其是華人世界有一個有趣的現象，就是如果孩子沒教好，大部分都會說是媽媽的錯，相反的，如果孩子表現的好，很多爸爸都會

說這是因為自己的基因血統好。就像業師父剛才說的，孩子的無禮行為，該負責任的應該是媽媽。

業師父　這麼說也對，做爸爸的當孩子表現好，都會覺得很驕傲，是自己的種好，這是理所當然的啊。

糖老大　但業師父有沒有想過一個問題，好像在華人世界裡，苦勞大多是媽媽在做，功勞則是爸爸收成？雖然《三字經》裡說：「養不教，父之過」但在歷史或經典故事中，很多是看到媽媽對教育孩子的方式、公案，反倒很少看到爸爸教養孩子的痕跡，好像都只有教條式的說法，而沒看到做法。

業師父　想不到糖老大對中華文化及家庭教育都有研究。

糖老大　略懂、略懂。

業師父　你說敘述古代母親的教育子女方式比較多，而父親卻只有說法，可以舉個例子嗎？

糖老大　古代的教育對爸爸來說，「做人」及「立志」很重要，例如：「身修而後家齊，家齊而後國治，國治而後天下平」、「人不立志，非人也。」都只是說說，沒有確切的做法，好像前方看到一個城堡，卻看不到腳下的路該怎麼走。而媽媽卻提供了一些很實用的教養方式，例如《三字經》裡說道「昔孟母，擇鄰處，子不學，斷機杼」，就是一個經典的例子。

業師父 這是我們從小就聽過的故事，說的是古時候孟子的母親，為了尋找一個對孟子有益的教育環境，不辭辛勞的從墳場邊到市場邊，再從市場邊搬到學校邊，搬了三次家。

有一次孟子逃學回家，孟母看了就當面把布剪斷，並跟孟子說，求學就像織布一樣，要一條一條織上去，不斷努力才能成為一條布。讀書也是一樣，必須持之以恆，經過長時間累積才有成就，否則就像剪布一樣半途而廢就前功盡棄、毫無用處了。

糖老大 是啊，這些是很好的故事。另外還有「岳母刺字」、「陶母退魚」、「畫荻教子」這些故事，都在說古代的媽媽是用什麼方法來教孩子的。業師父有沒有發現，這些故事裡，除了孟子的爸爸早年就過世外，其他的爸爸都去哪了？而孟母、岳母、陶母、歐陽母本姓什麼？都沒人知道。

業師父 這還真的沒研究。不過應該也不是那麼重要吧？

糖老大 覺得不重要，是因為古代中國女人都被灌輸溫良恭儉讓的思想，孩子的成長源自媽媽，這是「天性」，女人為母則強，因為懷胎十月、血濃於水，永遠剪不斷在情感上的連結，這部分爸爸們確實感受不到，也不知道該怎麼做。久而久之，孩子教養的責

任，就都跑到媽媽的身上了。到了今天，這樣母子的牽絆一樣在，但時代變了，不表示爸爸只要嘴巴說說，卻什麼都不用做，只要工作、上班、開會、應酬，教養的事情全交給媽媽去做。

業師父　好吧，你這麼舉例是有幾分道理，但我們男人天生脾氣大又沒耐心，不是誰都可以像糖老大一樣對教養有一套方法啊。我就算想做，也力不從心，有時候反而還被老婆嫌棄：「算了、算了，我看你別管了，越管孩子，他們越胡鬧。」

糖老大　在我接觸的個案裡，常常聽到身為爸爸的這麼說：「唉呀！我的脾氣不好，如果要我管孩子的話，我就會用打的了。」
「孩子跟妳親，他不會聽我的，妳跟他講就好。」
「妳比較有耐心啦，我沒有耐心跟小孩耗。」

業師父　哎！這些話好耳熟，好像以前我都曾經說過。但這也都是事實啊。

糖老大　就是因為沒有耐心，我們才要去學習如何有耐心，不是嗎？就像業師父的學生，不就是因為不會武術才去學習的嗎？而且，孩子是自己的，不是隔壁老王的，更不能把這些當藉口，這不是能力或會不會的問題，而是我們願不願意的問題。有意願，基隆

都可以走到屏東；沒意願，家裡都不想走到巷口。

業師父 好吧，我知道是意願的問題，但說到管教孩子，父親教跟母親教有什麼差別嗎？應該不只是因為父親不能把孩子教養責任丟給母親那麼簡單吧？

糖老大 業師父問到重點了，之所以爸媽都應該盡到管教的責任，除了分擔外，還有分工。

男人的力量，對男孩來說

業師父 「分工」？你的意思是父親管學業、母親管品格這樣的分工嗎？

糖老大 我的意思是說爸爸與媽媽這兩個角色，各自有各自不同的功能，甚至可有些功能是不能互相取代的。拿爸爸的角色來說，爸爸要給予孩子的，就是一種「男人的力量」。

業師父 「男人的力量」？指的是什麼？力氣？責任？

糖老大 這麼說吧，如果一個男孩，在成長過程中因為雙親離婚、爸爸不在身邊、或缺少了爸爸的陪伴與關愛……等原因，就是缺少了爸爸「男人的力量」。一旦男孩缺少了男人的力量，「媽寶」就出現了。

業師父　「媽寶」的問題現在的確很普遍，原來媽寶也是有可能是因為爸爸造成的啊？我一直以為是因為媽媽的過於溺愛的原因。

糖老大　當然，媽媽的溺愛是原因之一，但背後最大的因素來自於，在男孩成長過程中，媽媽在教養中是主導的角色，可能是因為爸爸根本不想教；也可能是爸爸都覺得小孩直接打罵就可以，就會說：

「我以前不就是這樣被打大的，還不是活得好好的。」或

「有什麼好講的，先打一頓再說」。

為了避免衝突，媽媽寧可自己教。爸爸慢慢地就在男孩的成長教養過程中缺席了，「男人的力量」逐漸薄弱，自然「女人的力量」就會遠大於「男人的力量」了。

大部分男孩在進入青春期之後的教養責任，多是在爸爸的身上，因為這時候的男孩正開始學習要如何當一個男人，也就是開始學習要如何擁有「男人的能量」，需要有一個榜樣、模範。如果都還是媽媽還主導，就會產生陰柔的力量，很多男人懦弱、怕事、沒擔當、甚至是所謂的娘娘腔，就是因為在成長中，沒有培養出「男人的力量」。

尤其是，現在有很多的單親家庭，孩子很多都判給媽媽，成長過程中，失去了爸爸，一個男人樣子的楷模、典範，失去了這樣成為男人的學習機會，對於將來的婚姻之路會非常的辛苦。

業師父 你剛剛說的是用男孩舉例，男孩需要男人的力量這個我能夠理解，那麼女孩呢？既然是「女孩」，為什麼還需要「男人的力量」？這我實在不懂，可以跟我說說這個道理嗎？

男人的力量，對女孩來說

糖老大 在女孩子的成長過程中，當然也需要爸爸「男人的力量」。心理學家佛洛伊德把我們的人格發展分成了幾個階段：（註）

一、0 到 1 歲的口腔期：這時期的嬰兒主要是透過吸吮、咀嚼、吞嚥而得到滿足。

二、1 到 3 歲的肛門期：這時期的幼兒是透過大小便排泄的刺激來得到滿足。

三、3 到 6 歲的性器期：這時期的兒童開始認知男女有別，開始產生「戀父情結」或「戀母情結」。

四、7至青春期的潛伏期：這時期的少年會從對自己身體與父母情感，轉移到周遭事物或朋友身上。

五、青春期以後的兩性期：這時期的孩子，兩性開始成熟，開始有兩性間的理想與婚姻家庭的意識。

其實，每個成長階段，爸爸的參與都很重要，尤其在第三階段的性器期，跟第五階段的兩性期，「男人的力量」絕對在女孩的生命裡扮演很重要的角色。因為她們會在這兩個階段去認識自己，也認識男人，如果這時跟爸爸有良好的互動跟溝通，將來對於跟異性也比較能有良好的關係。

業師父 難怪人家總是說「女兒是爸爸上輩子的情人」啊。

糖老大 對啊，女孩是需要學習如何跟男孩、男人相處。但相反的，如果爸爸在這些階段的教養中缺席了，將來女孩跟異性尤其是男友或老公在關係上，就會碰到較多的困難。

缺少「男人的力量」，是因為成長過程和教養中，沒有爸爸的參與。爸爸是女孩生命中的第一個男人，如果無法跟爸爸有良好的相處，相對的也很難跟自己的先生建立良好的關係。所以總結來說，將來孩子婚姻之路是否美滿，和爸媽的管教與相處有著很大的關係。

業師父 真有那麼大的影響嗎？我相信父母多少會影響孩子對於婚姻的看法，但長大後不是就會有自己對婚姻的一套想法或做法嗎？以前不喜歡父母的相處方式，當有了自己的家庭，應該會有所調整，對自己的婚姻負責，不是嗎？

糖老大 舉個例吧，我有個女生個案，從小就看到自己的爸爸對媽媽惡言相向、拳打腳踢，慘不忍睹。她一直覺得媽媽很委屈、很可憐，但當時年紀小，對於媽媽如此被對待，也只敢怒不敢言，每次只要家暴，最後都是媽媽鼻青臉腫，女兒邊哭邊擦藥的情景。

在女生成長的過程中，這樣家暴的情況依舊持續發生，女生苦勸媽媽「為什麼不離開爸爸？」、「為什麼不離婚？」，但媽媽是個傳統溫良恭儉讓的女人「為了孩子」受到再大的傷害都不能離開。

後來女生長大了，碰到的男人大多也是脾氣不好，甚至會打人的。每當發現這個男人跟爸爸是一樣的時候，當年為媽媽打抱不平的心態就莫名地跑出來：「媽媽，妳當初不敢離開這樣的男人，我離開給妳看。」就一直這樣，交往了又離開、離開後又交往的不段循環……她也一直為了這樣的事情而苦惱，她想要的是一段跟爸爸媽媽不一樣的男女關係，卻

反而一直複製、貼上。這樣的例子，多到不勝枚舉。

業師父 所以我們不想繼承的父母關係，還是會因為成長歷程中，他們給予我們的或我們感受到的，在無意識中就複製到我們自己的關係裡囉？但……這樣怎麼辦？總不能一直這樣無限循環下去吧？

糖老大 還是有辦法的，有句話說：「如果不想傳下去的，我們就要還回去。」

業師父 傳下去的是什麼？還回去的又是什麼呢？

糖老大 就拿剛才的例子來說吧，如果不想要一直遇到跟爸爸一樣的男人，甚至跟這樣的男人結婚，之後影響到自己的孩子，就應該把當初對媽媽打抱不平的情緒還回給媽媽，而不是一直想要替媽媽出口氣。

業師父 聽起來很容易，但做起來好像不是很容易啊。

糖老大 的確需要時間慢慢學習啊，我發現很多人有這樣的問題，雖然說教養好像都著重在小孩身上，但處理大人心中的「內在小孩」才是最重要的，大人處理好了，通常親子問題也解決一半了。

業師父 我有個疑問，照你所說雙親家庭或許還有修正或給予男孩「男人的力量」的機會，但離婚的狀況呢？

糖老大 離婚的狀況有很多，但我只能說，如果不是因為家暴、賭博等極端因素離婚，雖然結束的是彼此夫妻

的關係，但親子間的關係是永遠剪不斷的。就算是
已經離婚，平常還是可以找時間聚聚、聊聊天、相
處一下，讓孩子可以有足夠的時間可以和爸爸相
處。沒有「量」，至少也要有「質」，相處不只是
花時間在孩子身上的「量」，而是在這段時間裡一
起做了什麼的「質」，有了這些相處，對孩子一樣
是會有很大的幫助。

所以爸爸在教養中的參與跟媽媽一樣重要，不能找
藉口缺席、而要更努力學習、未來孩子才會有出息。

業師父 我一直以為「男人的力量」是要對外用在拳頭上，
原來是要把這個力量用在家裡，用心跟孩子相處
上，才能真正撐起一個家。

糖老大 是啊，不過業師父在道館教導武術的 Man Power
報表，用在家庭裡一定是綽綽有餘啦。

業師父 哈哈，過獎。我還要跟你多學學那個什麼傳下去、
還回去……的……

糖老大 你想說的是「如果不想傳下去的，我們就要還回
去。」吧？

業師父 對、對、對，就是這句，瞧我這記性。

註：

佛洛伊德的人格發展理論中，總離不開性的觀念，所以他的發展分期解釋就被稱為「性心理發展期」。

（一）口腔期（oral stage，0-1歲）

原始慾力的滿足主要靠口腔部位的吸允、咀嚼、吞嚥等活動獲得滿足。嬰兒的快樂也多得自口腔活動。此時期的口腔活動若受限制，可能會留下後遺性的不良影響，成人中有所謂的口腔性格，可能就是口腔期發展不順利所致。在行為上表現貪吃、酗酒、吸煙、咬指甲等，甚至在性格上悲觀、依賴、潔癖者，都被認為是口腔性格的特徵。

（二）肛門期（anal stage，1-3歲）

原始慾力的滿足主要靠大小便排泄時所生的刺激快感獲得滿足，此時期衛生習慣的訓練，對幼兒是重要關鍵，如管制過嚴，可能會留下後遺性的不良影響，成人中有所謂的肛門性格者，在行為上表現冷酷、頑固、剛復、吝嗇等，可能就是肛門性格的特徵。

（三）性器期（phallic stage，3-6歲）

原始慾力的需求主要靠性器官的部位獲得滿足，此時幼兒喜歡觸摸自己的性器官，在性質上已算是手淫的開始。幼兒在此時期已能辨識男女性別，並以父母中的異性者為性愛的對象，於是出現了男童以父親為競爭對手而愛母親的現象，這現象稱為戀母情結，同理女童以母親為競爭對手而愛戀父親的對象，則稱為戀父情結。

（四）潛伏期（latent stage，7歲至青春期）

七歲以後的兒童興趣擴大，由對自己的身體和父母感情，轉變到周圍的事物，故而從原始的慾力來看，呈現出潛伏狀態。此一時期的男女兒童之間，在情感上較前疏遠，團體性活動多呈男女分離趨勢。

（五）兩性期（genital stage，青春期以後）

此時期開始時間，男生約在13歲，女生約在12歲，此時期個體性器官成熟，生理上與心理上所顯示的特徵，兩性差異開始顯著。自此以後，性的需求轉向相似年齡的異性，開始有了兩性生活的理想，有了婚姻家庭的意識，至此，性心理的發展已臻成熟。

◎資料來源：網路資料

（國家網路醫院：http://hospital.kingnet.com.tw/heartsustain/b-3.html）

第九篇

頂嘴有理

09

頂嘴有理

　　這天，糖老大、業師父兩家人一起去看孩子學校的籃球比賽，看到每一個小球員，對教練都是畢恭畢敬、言聽計從，聽教練說話都是立正站好，教練說一，小球員絕對不敢說二，業師父突然有感而發的說……

業師父　每次看到這些孩子這麼聽從教練的話，就會想到自己道場的孩子，對於我的話也是不敢反抗，但一回到家裡，完全不是那麼一回事，面對父母，頂嘴的頂嘴、反抗的反抗，也差太多了吧。

糖老大　業師父，這很正常不是嗎？在團隊聽從教練的領導，順服老師、師父的教誨，才會讓自己得到進步、機會、甚至讚賞啊。你們道場不都是在教導孩子這些道理嗎？

業師父　糖老大有所不知，就是因為這樣才會覺得感慨！如果我的孩子在家裡，有這樣乖巧的十分之一的話，不知道該有多好。別人的孩子對我們說的話完全接受，但自己的孩子卻處處反抗，尤其現在他們越來越大，意見也越來越多，常常跟我頂嘴，身為別人口中的「師父」真的覺得汗顏。

糖老大　業師父千萬不要這麼想，只要是孩子，都會有各個階段不同的行為模式，對於爸媽的態度當然也是一樣，孩子變，只要我們也跟著變就好了，不是嗎？孩子年紀越小，越會把爸媽當成天，是因為他們還沒有自己生活的能力，要完全依賴爸媽才能生存下去，雖然會用哭鬧的方式來爭取自己所需，但會對爸媽相對順從與服從也是理所當然。

業師父　是啊，真是懷念他們還懵懵懂懂的日子，我們講什麼他們就做什麼，沒那麼多理由跟反抗，現在長大了，真的是越來越難溝通。我們說一句，他們可以頂三句，現在國小就這樣子，將來上國中後我還真不知道要怎麼管教，有時候真的被氣到很想好好修理他們一頓。

糖老大　我想你說的應該是全天下爸媽的心聲吧。不妨老實跟業師父說，以前我還在街頭飆車的時候，年輕氣盛、逞兇鬥狠，對於孩子的管教也是一樣，都是用斯巴達「鐵的紀律」的教育方式，只要孩子有頂嘴的行為，我不是打、就是罵，覺得孩子怎麼可以違逆爸媽的話，之後遇見了我生命的教練，重新學習生命、面對生命之後，才發覺原來我以前對孩子的教養方式真的很糟糕，讓他們受到很多的傷害。後來慢慢學習與練習，才體會到，我之前跟你說過「尊重式教育」在親子溝通與相處的重要。

業師父　我能夠認同你說的尊重式的教育方式，但問題是孩子如果頂嘴，不就是他們先不尊重我們嗎？既然他們不把我們當父母尊重，我們也只好拿出身為父母的權威來教育他們了。

糖老大　我以前聽到尊重式教育也跟你一樣的想法，覺得孩

子應該要先學習如何尊重爸媽，我們才要給他們適度的尊重，但後來我發現，權威式的教育方式雖然感覺當下有立即效果的，孩子因為我們兇而不敢繼續頂嘴，但是彼此都會很不舒服，也會很受傷。

我想起小時候所接受的教育，我爸爸是個很強悍的人，對當時的我來說，他根本就是秦始皇再世，我們兄弟姊妹在他面前不可能有自己的想法，更不可能頂嘴，因為我們知道頂嘴就是等於找死。所以從小都是「爸爸說了算，我們說的就算了」，不要說頂嘴了，連討論事情的餘地都沒有。

業師父 你父親曾經對你們那樣的集權式教育，真的不適合在現在的環境，但是對於小孩頂嘴這件事，不管到什麼時候都是不應該，不恰當的，你不覺得嗎？沒有什麼可以合理化的餘地吧？

什麼叫做頂嘴？

糖老大 想請問業師父覺得什麼叫做「頂嘴」？

業師父 頂嘴？就是小孩子不順從大人，說出跟我們不一樣的意見吧？

糖老大　是啊，你的解釋也是大部分爸媽對這件事的解釋，
認為頂嘴是一個負面的形容詞，是不好的行為。對
於這件事的定義，是我們大人賦予的，我們覺得那
是不對的、不應該做的，但對於小孩來說，跟爸媽
說出不一樣的意見，他們不覺得那樣叫做頂嘴，只
覺得自己在跟爸媽討論事情，說出自己的想法。

業師父　這樣還不叫做頂嘴嗎？

糖老大　我換個方式來說，若角色換成是孩子的兄弟姊妹。
妹妹跟哥哥說：
「哥，媽媽每次叫你吃青菜，你都挑食不吃，我要
跟媽媽說。」
哥哥說：
「要說你去說啊，愛告狀，你自己還不是一樣，挑
食不吃胡蘿蔔。」
業師父覺得這樣算是頂嘴嗎？

業師父　雖然妹妹說哥哥的是事實，哥哥也只是反駁，但這
頂多算是吵嘴不算頂嘴吧？

糖老大　如果是一樣的對白，妹妹的角色變成媽媽，你覺得
算頂嘴嗎？

業師父　當然算啊。自己不吃青菜，沒有反省自己是不是做
不對，還牽拖媽媽不吃胡蘿蔔，當然算是頂嘴。

糖老大　所以我才會說「頂嘴」這件事是爸媽賦予的。同樣的對話，不論孩子說得對不對，是不是事實，跟妹妹講就只是吵嘴，對媽媽講卻叫頂嘴。頂嘴這件事，只適用在晚輩對長輩，特別是兒女對爸媽、孫子女對爺爺奶奶，我們才會用「頂嘴」這兩個字。

業師父　糖老大，我認為「頂嘴」不是要說文解字，而是實際上的意義吧？對父母長輩講話，跟對平輩講話本來就會不一樣，態度也應該要不一樣啊。

糖老大　好吧，既然業師父講到頂嘴的意義，我就把我這幾年發現頂嘴的好處跟你分享，或許你聽完之後，對於頂嘴的定義會改觀。

業師父　好吧，你來挑戰一下我，請糖老大出招吧。

糖老大　首先要說的是，我們把「頂嘴」這件事定義為：**孩子對長輩表達自我主張的行為**。有了這樣的理解，才好說明下面我要講的頂嘴的好處。

頂嘴的好處

糖老大　頂嘴的第一個好處，就是找到自我與別人的界線，也就是「**人我界線**」。

不要把孩子對大人表達不同的想法就都當作是在頂嘴。在對話的過程中，不管大對小、小對大、或是平輩之間，他們都在找尋人與人之間對話的界線，什麼事該講、什麼事不該講。在這樣找尋的過程之中，如果我們大人一味的壓抑，例如：「小孩子懂什麼！」、「我說怎麼樣就是怎麼樣！」、「小孩子不要有那麼多的意見！」禁止他們表達發言，將來出了社會，很容易形成一種討好別人的性格。會壓抑自己的想法與感覺，去討好或聽從比自己身分地位高的人。

業師父 順從身分地位比較高的人不是本來就應該這樣嗎？

糖老大 當然，適度的服從本來就是人生與職場倫理的一部分，但過於討好往往會失去自我，變得沒有主見、隨波逐流。孩子可以從「頂嘴」中，練習在聽命行事與自我主張「人我界線」之間做平衡。

業師父 我記得你談過「人我界線」，所以頂嘴可以說是孩子學習如何保有自我跟適應他人的過程嗎？

糖老大 太好了，業師父還記得我們曾經聊過這個話題。
頂嘴的第二個好處，就是**在過程中可以找到自己的想法**。有句話說：「真理越辯越明」，就是在說有些事情是要經過充分討論與溝通，才能得到一個相

對恰當的結果。當然這樣的討論絕對不是只有爸媽或長輩講法的一言堂，而是讓孩子可以有表達自己意見的機會。老狗變不出新把戲，時代一直在變，大人往往跟不上改變的步伐而變成老古板，不知變通，如果用大人不合時宜的觀念，往往會造成與孩子間在認知上的誤差。

孩子有活潑、積極、變化多端的想法，或許在我們大人眼裡難以接受，甚至覺得不敬、被冒犯、違背了傳統的想法，但我們還是要允許孩子能夠擁有活潑的思維及表達的權利，對於將來人際或個人發展上，絕對有加分的作用。

業師父 這樣的說法，好像挑戰了傳統「尊師重道」的觀念，畢竟父母長輩的經驗遠比孩子來的多。俗話說：「我走過的路，比你吃過的米還多」

糖老大 沒錯，爸媽長輩的經驗一定比孩子來的多，但是經驗多，不表示一定正確；經驗多，不代表跟得上時代，如果有了相互了解與溝通，過去經驗與時代的演進能相互融合，不是更好嗎？

業師父 好吧、好吧，你這麼說我可以接受，那頂嘴的第三種好處呢？

糖老大 第三個好處就是，在這樣的過程中，**孩子可以學會**

如何應付衝突。

人與人之間難免有意見不合、發生衝突的時候，如果教育孩子是灌輸他們，在遇到跟大人意見相左的時候什麼都不能講，將來要怎麼面對與學校師長、公司長官發生不同意見、想法上衝突的事呢？

業師父　與父母長輩或老師長官意見不同的時候，當然是要以比自己年長或職位高的人為主啊。避免衝突才能以和為貴，對大家來說才是好的，不是嗎？

糖老大　大多數的人都在避免衝突，好像衝突是一個讓人避之唯恐不及的事。我倒是認為衝突是一件好事，因為有了衝突，我們才會知道彼此間的意見、想法不同的地方在哪裡。無論是家庭、學校、或是公司。如果大家為了避免衝突，對事情視而不見、避而不談，當下或許好像有了一個結果，但這樣的結果只是單方面的認同，在沒有共識的前提之下，未來所衍伸的問題可能會越大，也會因為彼此的認知漸成平行線而導致無法解決的困境，所以我覺得應付衝突需要從小就開始練習。

業師父　就算像你說的有這些好處，但大人總是有小孩無法超越的權柄，小孩畢竟是小孩，如果讓他成功頂嘴，不就等於承認他們是對的，讓他們飛上天，這樣我

們大人之後要怎麼管教呢？

糖老大 這就是我接下來要說的第四個好處了，那就是**頂嘴有助於幫孩子找到自信。**

業師父 什麼？我有沒有聽錯，頂嘴對父母來說就已經是大逆不道了，你說這還有助於孩子可以找到自信？

糖老大 業師父，你想想，大人活了那麼多年、經歷了那麼多事、讀了那麼多的書，如果一個孩子能夠用他的道理來跟我們分庭抗衡、一較高下，有時候我們大人甚至還拿不出道理，講輸小孩呢。對孩子來說，當然可以增加他們的自信心。

業師父 他們增加了自信，但我們的面子要往哪裡放啊？

糖老大 就是因為大人會有這樣毒性教條的制約，孩子不能說贏大人，所以當我們說不過小孩的時候，會有一種情形就是台語俗話說的「見笑轉生氣」，這是一定要避免的。我們要把這樣的情緒收起來，用寬容的心看待，有時候甚至可以故意講輸孩子，讓他們得到一點成就感。

就拿業師父來舉例好了，請問你在教導學生打拳的時候，如果你故意放點水，讓他們贏上幾招，你的學生是不是會因為這樣獲得一些成就感與自信呢？

業師父 我們有時候的確會這樣做，尤其是鼓勵小朋友。

糖老大 會因此擔心他們因為這幾次的放水而目中無人，覺得自己的功力已經在你之上了嗎？

業師父 這……倒是不會，畢竟練拳只是習武的其中一個環節，武德才是最重要的。學生們自有分寸，不會因為幾次過招就變得目無尊長。

糖老大 所以，我們重視跟實踐平常與孩子相處關係的互相尊重，如果偶而故意讓孩子講贏你，你覺得會影響到之後孩子不聽你的話嗎？我們不需要把孩子的頂嘴當作是大逆不道的事，而是看作他們在用他們的方式來跟大人解決、處理問題，這樣的過程對他們是有幫助的。

但要講贏大人，並不是那麼簡單的事情，就像業師父所言，大人有大人的權柄，小孩無法超越，所以這就是我接下來要講的頂嘴的第五個好處，可以**提升孩子的智商**。

業師父 現在小孩已經夠聰明了，哪還需要提升智商？頂嘴不就是耍耍嘴皮子，跟智商有什麼關係呢？

糖老大 當然有關係囉，在所謂「頂嘴」的過程中，除了基本的語言能力外，還需要引經據典、洞悉對手……等等談判的方式，因為孩子大了，他們自己也知道沒辦法再像以前一樣用哭鬧或硬拗的方式表達自己

的想法，所以需要讓自己再升級，增加自己談判及溝通的方式，為了贏得大人對自己的認同，他們會無所不用其極的說服，雖然最後結果不一定成功或是得到爸媽認同，但這樣對話的過程，反而可以讓他們腦力激盪，當然可以提升智商囉。

業師父 我覺得，第五點實在有些牽強附會，聽起來好像有點道理，但又怪怪的，好像哪裡不對。練習說話技巧有很多的方式，不一定要靠頂嘴來增加，更別說是提升智商了。

糖老大 哈哈，小孩要跟大人鬥智，一定會刺激大腦增強運轉，大腦越轉會越靈活不是嗎？如果你不認同第五點，第六點好處你絕對會承認，那就是可以**提升語言表達的能力**。在彼此的對話過程中，用字遣詞會不斷的修正，不論是當下或是之後的每一次，會加入更多的形容詞、修辭、一次一次不斷的進步。

單方表達自己是容易的，就像業師父說的，有很多方式可以練習說話技巧，但很多時候雙方談話的技巧，對孩子將來更為重要。因為我們無法避免人與人之間的衝突，而在衝突時的溝通卻又是最重要的，卻因一句話沒說好，會造成無法挽回的後果。

東方人總是會習慣於避免衝突，不讓小孩頂嘴，就

是不希望自己跟孩子之間有衝突，但也因為這樣，
孩子少了學習在衝突時的對話，將來面對衝突，一
樣會把從父母親身上學到的強勢壓制用在溝通上，
這樣並不是件好事。

業師父 你說的是有道理，但我還是認為，華人畢竟講究禮
數，孩子用不對的態度、方式對長輩頂嘴，成何體
統，一點倫理觀念都沒有。

允許孩子表達意見

糖老大 以前我也認為頂嘴是一件非常要不得、不尊重大人
的事，因為我爸爸當初就是這樣教育我的，甚至曾
經因為頂嘴而被呼巴掌，但不能因為我們小時候被
這樣對待，孩子也要跟我們一樣。經過學習，我知
道了尊重不能只是單方面孩子對爸媽，同樣的爸媽
對孩子也是要給予適當的尊重。如果沒有學習，我
想我現在可能也跟我爸爸一樣，對孩子頂嘴會很有
情緒，因為我以前就不被允許，現在當然不允許自
己的小孩這麼做。

我們大人在這種時候需要做的是約束自己的權力，

要做到「收」，不要老是放出來，要孩子照著我們的意見做，大人一旦「放」出權力，孩子就會「縮」；大人如果願意「縮」，孩子才會「放」開自己。身為大人，把情緒發出去沒有什麼了不起，能夠練習把情緒放下才是硬道理。

業師父 可是孩子在頂嘴的時候，態度都很不好，可能又是兇、又是罵的，難道我們大人就要這樣忍受嗎？這就是我說的沒有倫理觀念，對長輩言語霸凌、對老師嗆聲，現在太多這樣的孩子出現在家庭跟學校了，你不覺得很可怕嗎？

糖老大 我前面說的「頂嘴」是指廣義的，也就是孩子跟大人在彼此意見不同時，勇敢表達自己的意見。當然不是要我們身為大人的無限上綱的接受孩子不正確的態度，孩子也要學習如何用對的方式讓別人聽他們說話。孩子需要做的是**「說明情緒，不情緒性說話」**，通常會被大人說是「頂嘴」一定是說話的態度出了很大的問題，說起話來很嗆、很衝、很兇，當然會被當作是頂嘴。

相同的，我們也常對孩子擺出一副劍拔弩張的態度，得到的當然也不會是良好的回應。尊重應該是雙方，如果大人願意讓孩子有時間跟空間暢所欲

言，說出自己的想法，同時注意自己的態度、措辭、與臉部表情，我認為孩子也會耳濡目染，就算是在衝突當下，也會慢慢學習如何用正確態度表達自己。

業師父　或許是該修正一下我對「頂嘴」的定義了，好像讓孩子表達自己想說的，不一定是壞事，只要他們的態度是好的，我想我是可以試著去接受的。

糖老大，你覺得……如果小孩下對上說出自己跟長輩不同想法就叫「頂嘴」這句話是可以被打破制約的……那我每次跟我老婆說出自己不同想法，都被說是「頂嘴」，我有沒有可能突破這個問題呢？

糖老大　我想……這個時候，你只要回答：「喳，遵命！」就好了，「聽某嘴，大富貴（台語）」嘛，跟老婆就別計較那麼多了，我也還在學習這個課題啊。

兩人大笑，但這……又是另外一個夫妻相處的議題了。

第十篇

黑臉？白臉？

10

黑臉？白臉？

　　業師父一早看到一則新聞，有間診所，整個早上都聽到一個 6 歲孩子大哭亂叫：「我死也不要打針！」，爸爸心平氣和，不帶脾氣對孩子說「爸爸會尊重你！」、「爸爸不會勉強你！」、「等你做好心裡準備，自己願意打針，我們再打！」。一整個上午都耗在那，沒法打針。

　　後來媽媽一臉怒氣來到現場，見狀直接左右開弓甩了孩子兩巴掌，接著轉頭對爸爸說：「我跟弟弟妹妹在家等你買早餐回來，等到中午，一整個早上你到底在幹什麼？」然後動手全力架住孩子，護理人員則只花了 2 秒鐘就打完預防針！總之整件事的過程就是「爸爸苦勸 200 分鐘，媽媽開扁 2 秒收工」。

　　業師父覺得這則新聞很有意思，便和糖老大分享。

業師父 我覺得這則新聞挺有意思的。

糖老大 是嗎？怎麼說？

業師父 我覺得有意思的點，一方面在於父母親處理孩子問題時，一個扮白臉一個扮黑臉，原來會有那麼大的反差。另外，一般來說父母親在教育孩子的時候，大多是父親扮黑臉、母親扮白臉，這個例子正好顛倒過來。父親扮白臉非常沉得住氣；母親扮黑臉，快刀斬亂麻的結束這場鬧劇。

糖老大 這對爸媽在教養間的落差真的挺有意思，這樣我想到一個畫面，一般在警匪電影裡，常常會看到在偵訊室審問一個什麼都不說的犯人，往往都會用一種方式，由一個警察扮黑臉，威脅、恐嚇犯人說出實情，否則就會接受法律嚴酷的對待；結束後由另外一名警察扮白臉，曉以大義循循善誘希望犯人說出實情，換得法外開恩。

業師父 是啊，這種劇情常常可以看到，雖然看似很假，但可以動搖犯人的意志，兩個警察「裡應外合」是個很有用的方法。

糖老大 是啊，用在這樣的情境下，多少有它的作用，但我倒是認為在教育孩子這件事上，爸媽扮演黑臉白臉不見得是一個恰當的做法。

業師父 但一般的爸媽都是這樣「裡應外合」教小孩的啊，我們家也都是這樣子，只不過，大部分都是我當黑臉就是了，所以我對這則新聞很有感覺。

糖老大 說真的，我以前也是這樣，覺得身為一個爸爸、一個男人，應該是要具備權威的，處罰、責罵都是爸爸來，而立場是要堅定、不容質疑的。但當孩子慢慢長大，加上我自己的學習後，我發現這樣爸媽處理孩子問題的配置，會讓孩子跟爸爸的關係越來越疏遠，甚至會懼怕爸爸。

業師父 站在某些角度上來說是這樣講沒錯，但……爸爸不做黑臉，難道要媽媽做嗎？兩個人總得要有一個人扮黑臉，不然怎麼給孩子建立規矩呢？

糖老大 我認為原則上，不論是黑臉或是白臉，爸媽都要同時做，本來就沒有絕對的黑與白，「**一手溫柔、一手堅持**」，是我覺得在教養上最經典的方法。

一手溫柔、一手堅持

業師父 一手溫柔、一手堅持，這兩個極端的概念，怎麼可能放在同一個角色上呢？一旦溫柔，就很難堅持；

一但堅持，就無法溫柔，這難度也太高了吧？

糖老大　你說的這些，都還是像我們之前聊過，從舊思想所留下來的「制約」，誰說兩者不能放在一起呢？

一般我們所謂的黑臉，其實就是「兇惡」，甚至伴隨著懲罰。之所以會懲罰孩子，大多數的原因也都是來自於我們的原生家庭，因為我們也是從那樣會懲罰的家庭中長大的。尤其在東方華人家庭中，俗話、傳統的觀念，例如：「棒下出孝子」、「不打不成器」、「打是情、罵是愛」等許多錯誤的制約和毒性教條而形成的方式，讓孩子苦不堪言。

業師父　這讓我想到以前電影裡面常看到的劇情，在眷村長大的孩子，只要是在外面犯了錯、打了架，都躲不過從大陸來台的老兵爸爸，從巷口追到巷尾的往死裡打，氣孩子不成材，就是你說的概念，雖然看起來誇張，但現實裡好像也是這樣，只是現在沒那麼可怕，因為小孩都知道兒童保護專線 113 了。

糖老大　你說的這個例子很有畫面，不過就像你說的，在現在看來可能有點誇張，但也不能說都不會發生。

另外就是所謂的白臉，也就是「慈祥」，輕聲細語、體貼關心……當然，是黑臉的對照組。比較像是以前西方所提倡的「愛的教育」。但過猶不及，所謂

「鐵的紀律」和「愛的教育」，爸媽只選擇一個角色扮演，雖然簡單，但卻反而容易造成孩子認知上的混淆，畢竟教育孩子可不是「警匪諜報片」。

業師父 怎麼混淆法？一黑一白很清楚啊？

糖老大 我說的混淆是指，孩子對事件與對自己的認知來說，例如我們剛才聊的打針事件，爸爸花兩小時好說歹說，（我們姑且不論是不是花太久時間，我們等下可以再多聊聊這個問題）比起媽媽兩秒鐘兩巴掌，立場與方式很明確，如果只是要讓小孩下次打針能快一點，直接打下去或許可以很快速，對爸媽來說也很有效，但對孩子來說，打針與被打這件事可能就會造成混淆，為什麼不想打針就會被媽媽打？明明爸爸就說不會勉強我的啊？

業師父 原來我們做父母的，在同一件事情上，跟孩子的認知之間居然有那麼大的落差！我們認為的理所當然好像並不是那麼一回事。既然不要過於鐵的紀律、也不能過於愛的教育，那我們應該用什麼方式來對待孩子呢？

糖老大 我覺得現在需要的是溝通式、尊重式的教育。意思界是說：我們需要去**尊重孩子可以有自己的想法**，尊重孩子可以做自己，同時也尊重孩子可以不用去

完成我們小時候的夢想，尊重孩子可以提出與我們不同甚至是相反的看法。

業師父　但這樣的尊重，讓他們做自己、有自己的想法、甚至提出跟我們相反的意見，這怎麼得了！不就像是脫韁的野馬，我倒覺得這樣的方法跟放任沒什麼兩樣，孩子的思想跟做法還是需要家長至少有一方嚴格的管控才行。

糖老大　有句台語的俗諺「囝仔人有耳無嘴」就是要孩子聽從大人的指令，不能回嘴或有其他的意見；也有一句俗話說「天下無不是的父母」爸媽的權柄高高在上，孩子不能有半句怨言，甚至有些父母還會威脅，若孩子反抗，會遭到皮肉之痛，這樣身心靈受到壓抑甚至創傷的情況下，只是會逼著孩子在當他們有能力的時候，為了離開父母的掌控，而搬得遠遠的。可能是讀很遠的學校、可能跑到很遠的地方工作或南漂北漂漂出國，甚至也可能很早就成家立業。

業師父　有那麼嚴重嗎？我們也不就是為了要管教好自己的孩子，或許當下他們不能接受，但我相信長大他們會知道我們的苦心的。

糖老大　這些都是我們做爸媽的「自我感覺良好」。而且這樣壓抑的成長環境，對女孩來說，很容易會找一個

二二六六的男人交往或嫁了，不讀書、翹課、上網咖、抽菸、喝酒……那個當下，她們覺得可以在這樣的男人面前做自己，不再被壓抑，而且可以逃離原本的家庭，成立一個屬於自己的「家」。但最後的結果只是，從一個地獄逃到另一個地獄，只是從第十七層逃到第十八層的差別而已。

男生也一樣，為了逃離家，找到可以做自己的歸屬感，很容易交到不好的朋友，賭博、吸毒……大部分出了問題的孩子，都是來自於一個有問題的家庭或爸媽。

業師父 好吧，我必須承認，你這樣的論點把我嚇壞了。好像真的有那麼些道理，似乎我們父母對孩子的苦苦相逼，最後只會換來他們的叛逆或遠離，這真的不是我們所想要的親子關係。但是，既不能這樣、也不能那樣……我們到底要怎樣？我實在想不到有什麼好方式可以做？

糖老大 我認為爸媽可以「一手溫柔、一手堅持」，用這樣的方式去對待孩子。

業師父 「一手溫柔、一手堅持」，你是指一手拿這雞蛋糕、一手拿著雞毛撢，這樣「恩威並濟」概念嗎？

糖老大 不全然是這個意思，我們就拿剛才講的黑臉、白臉

的概念來說應該會更清楚。一手溫柔，相當於白臉、一手堅持，相當於黑臉。

溫柔，表示我們**願意傾聽孩子的聲音**，不會一意孤行，也不會覺得身為爸媽就是至高無上的存在、就是王道。家是我的，我說這樣就這樣、那樣就那樣，我說了算……這都是我們以前聊過的「毒性教條」。

業師父 毒性教條，這我記得，就是一些傳統留下來似是而非的觀念與錯誤的制約。所以「一手溫柔」簡單來說就是不要犯了毒性教條，把這些施加在孩子的身上，用傾聽的方式對待孩子。那麼「一手堅持」呢？

糖老大 所謂「一手堅持」就是，我們**不會讓孩子的情緒無限上綱**，所以尊重並不像你認為的我們就會讓孩子予取予求，還是會有一定的範圍，讓孩子有所適從。舉個例子來說，有個小學一年級的孩子想吃薯條，但這禮拜已經吃過兩次了，但他還想再吃，爸媽不肯，孩子就坐在地上哭。業師父，假設是你，會如何處理呢？

業師父 我想通常父母會直接開罵或是教訓這個孩子吧？但既然說到用溫柔與堅持的方式……我想應該就是先安撫他，叫他不要哭，然後帶他離開現場吧。

糖老大 沒錯，這也是個好方法。但還是無意識的壓抑孩子

的情緒。要做到「一手溫柔」第一個要做的就是：
允許他可以有情緒。

業師父 什麼？允許他可以有情緒，明明是這孩子無理取鬧，明明就不能再吃了，他硬要吃，還坐地上哭、耍賴，為什麼還要允許他有情緒？

糖老大 業師父，請問一下，例如我們要趕上班的時候，火車卻大誤點、到了公司要開會，其他人卻遲到了、想跟老闆談加薪，卻談不成、新訂的手機應該今天到貨，卻延誤了……這些事件不要說一起發生，就算是有其中一件發生，你會不會有情緒呢？

業師父 看起來好像都不是什麼大事，但如果是在當下，我想我還是會有情緒的吧。

糖老大 就是囉，你看我們大人碰到不如己意的時候都會有情緒了，雖然看似比我們的情況輕微好幾倍，但對小孩來說也是件「不如己意」的事，大人可以因此有情緒，沒道理我們不允許他們可以有。

業師父 這很難吧？我們看到孩子有情緒，自己情緒都上來了，那管得了還要去允許孩子的情緒呢？

糖老大 我們之所以對孩子的情緒有情緒，甚至是不允許孩子有情緒，我想原因不外乎就是：
第一、當年我們並不被我們的爸媽允許有情緒，有

時候有情緒反而換來一頓打罵，所以我們理所當然也不允許自己的孩子可以有情緒。

第二、我們都是以大人的角度去看孩子，覺得他們在意的事情根本不重要。吃薯條，不重要；買玩具，不重要。因為我們爸媽所認為這些事情「不重要」，所以根本沒必要允許孩子對這些事情有情緒，甚至覺得他們根本在小題大作。

業師父 看來管理情緒這件事，不只是小孩，我們大人也需要一起修練。就像在練功一樣，我們總自以為練久就可以闖天下，其實不過只是一招半式罷了。

糖老大 其實，孩子的成長過程，是一個從「主觀世界」跨到「客觀世界」的歷程，也就是從「我」到「我們」到「大家」的認知。如果這樣的階梯跨不過，可能就會跌入萬丈深淵、粉身碎骨，從此一蹶不振，在人生中時常碰壁；如果跨過了，就可以順利進入客觀世界，自在地與他人相處與溝通；反之，如果跨的過頭了，又會變成取悅與討好的個性，沒有了自己。這中間的過程，孩子是經由我們爸媽來學習如何跨越這些階梯，學習、練習什麼叫做「定界線」。一手溫柔、一手堅持，就是我們示範什麼叫做「定界線」。

業師父 你說的「定界線」指的是什麼呢？

 ## 如何幫助孩子建立人我界線

糖老大 定界線說的是在定「**人我界線**」。孩子一出生，都是以自我為中心，我哭，你們就應該要泡奶、換尿布……當我孤單寂寞覺得冷，你們就應該要給我擁抱、溫度。孩子長大了，當然不再能那樣予取予求，除了接受他人給予之外也要學習如何自己付出，享受對自己權力的同時，也要善盡對他人義務，這些都是在定人我界線。在爸媽陪伴孩子（我不會說是「教導」，因為有些事是需要經年累月的陪伴學習一起成長的）的時候，爸媽既不是黑臉、也不是白臉，我說要當個黑白相混的「灰臉」，爸媽懂得當好灰臉，跟孩子溝通就不會「灰頭土臉」。

業師父 「灰臉」這個詞，倒是很新鮮啊。

糖老大 是很新鮮，因為是在剛剛跟你聊天的時候突然想到的，不黑又不白，不就是灰了嗎？

業師父 哈哈，這麼說來這名稱還挺適合的。那麼我們身為父母的，應該要如何當個好灰臉，幫助孩子建立所

謂的「人我界線」呢？

糖老大 我們拿剛才想吃薯條的小學一年級孩子那個例子來說好了，父子的對話可以是這樣的：

爸爸：「爸爸知道你很想吃薯條，所以不讓你吃薯條你會很難過、很生氣、有情緒。沒關係，如果你想哭，你可以哭，我陪你到旁邊哭。」

小孩：「你如果買給我吃，我不就不會難過、不會生氣、不會哭了嗎？」

爸爸：「之前我們就已經說好了，每個禮拜最多只能吃兩次薯條，你還記得嗎？因為這禮拜你已經吃兩次了，所以今天就不能再吃了。」

小孩：「我今天就是想吃啊。那我下禮拜的分不吃，我要移來這禮拜吃。」

爸爸：「不可以，因為爸爸還是有對你健康的考量，所以今天不能給你吃。下禮拜如果你想吃的話，我們再過來買。」

一手溫柔，是允許孩子的情緒可以發洩出來，陪伴著他；一手堅持，是堅持一開始跟孩子定好的約定，是怎樣就是怎樣，不能動搖。用**溫柔的溝通卻堅持自己的底線**，重點是**態度是要平和而且有耐心**的。

業師父 哇！這對話看起來簡單，卻很不容易啊。尤其是父

母要控制自己不要抓狂這件事。

糖老大 是囉，我們都說孩子的情緒需要控管，事實上爸媽的情緒有時比孩子還要高漲呢！說到底我們身為爸媽，控制好自己的情緒才是關鍵。

另外，在孩子跟大人抗爭的過程中，其實就是在學習「人我界線」的好機會。他們也在看著自己的爸媽是如何處裡衝突與人我界線，甚至是情緒管理。常常有爸媽跟我反映，為什麼坊間那麼多的教養書籍，網路上也教了很多的小技巧，但為什麼總是沒辦法落實在自己跟孩子的關係上？很大的原因就是，我們在管教孩子的過程中，放了太多「情緒」了，爸媽講沒兩句就抓狂、沒耐心，明明很棒的教養技巧自然無法有效囉。

管理孩子之前，先管理自己情緒

業師父 所以在我們要管理孩子之前，應該要先管理好自己，尤其是在情緒上面。這樣回想起來，我們好像都是用負面情緒去面對孩子負面的情緒，到最後常常是兩敗俱傷，小孩哭得半死、父母氣得半死。

糖老大 是啊，孩子的成長就是來自於爸媽的成長。想要孩子有所成長，爸媽就更需要學習自我成長，尤其是情緒控制上，想要有一個好脾氣的孩子，就算學會的、看書上的外部技巧再多，也比不上爸媽先學習讓自己有更有耐性。

業師父 說起來，「耐性」就像是我們習武的紮馬步，對吧？馬步紮的穩，底子就打得好，不管之後練什麼功夫，無論是詠春、太極、氣功……都可以事半功倍。

糖老大 拿武術來比喻實在是太合適了。我們都是在還不懂如何教養孩子的時候成為父母的，這其實對孩子來說是個災難，如果父母不學習成長，就更是個大災難。我們不知道怎麼教，只會用我們自己原生家庭的方式去教養，但我們的爸媽也不知道怎麼教，他們也是拿他們爸媽似是而非的毒性教條來教育他們的下一代。一個有毒的 DNA，很難生出無毒的 DNA，然後就這樣一代傳一代，除非有人願意打破這樣的窠臼。

業師父 傳統的觀念真的不一定是對的。我記得小時候相機還不像現在那麼普及，我爺爺跟我說，不要太常照相，會把小孩子的靈魂吸入相機裡，當時我父親也在旁邊認同的說，「對，少照一點。」還有大人也

跟我說過一些現在聽起來很莫名其妙的說法，例如：手指著月亮會被割耳朵之類的。

我以前的想法是覺得，傳統一定是正確的才會被流傳下來，但經過這幾次跟你聊了那麼多，發現那些都只是我們根深蒂固的制約，不一定是正確的。應該思考一下，是不是有些傳統觀念要因時、因事、因人而需要做調整。

糖老大　很高興聽你這麼說。

「無知」是最大的災難，我所謂的無知並沒有貶低的意思，而是很多事情我們「不知道」，不知道其實也沒關係，但不知道卻隨便抓著一個不知道哪裡來的道理就做了、說了，這就很可怕了。

就像我們循著毒性教條教育我們的孩子，長久下來，家，才是傷害我們最深的地方。

所以我們才更需要學習「新知」來對付「無知」，但探求新知時，有時也會背負著很多的罵名以及不瞭解，就像當初人類認為萬物都是圍繞著地球旋轉，地球是一個平的概念，一直到古希臘數學家畢達哥拉斯第一次用科學的角度提出大地是球體，一開始大家對這樣的論調還嗤之以鼻，之後亞里士多德用了三種科學方式證明加上麥哲倫的航行以及後

來衛星的照片……逐漸證明了現在我們所認知的地球。

教養孩子也是一樣，要打破傳統觀念的確不是一件容易的事，但回頭看看我們童年的過往，都是這樣一路受著原生家庭傷害，既然我們知道了有更新的想法跟做法，就必須做些改變，對我們、對孩子都會成為一個好的新循環。

業師父 就像你今天說的新觀念，不當黑臉，也不要當白臉，當個「灰臉」父母，才不會搞得自己灰頭土臉。

講了那麼多，我還沒有請教你對那篇「爸爸苦勸 200 分鐘，媽媽開扁 2 秒就收工」的網路新聞有什麼看法呢？如果照剛才我們說的「一手溫柔、一手堅持」的角度，那位父親代表的是「溫柔」、母親大代表的是「堅持」……是這樣看的嗎？

糖老大 所以我才會說要一手溫柔、一手堅持，像這位爸爸花了兩個多小時，為的是要小孩打預防針，乍看之下是溫柔，但其實是爸爸的「軟弱」，分不清事情的輕重，如果連打預防針的要這樣耗費心力，實在不知道其他的問題要花多少的力氣與時間去處理。媽媽的處理，乍看之下是堅持，其實是「暴力」，只是為了打預防針這件事就甩巴掌，我實在很難想

像孩子遇到其他狀況，這位媽媽會怎麼對待他。

可以溫柔、但不能變成軟弱；可以堅持、但不能使用暴力，過猶不及都不好，需要學習的是如何拿捏這中間的平衡值。但要真正說起來，我是比較不贊成媽媽的方式。

業師父 你是說使用暴力嗎？

糖老大 是的。

業師父 我知道「體罰」也是一種毒性教條，但事實上好像真的還是有一些作用，尤其是對於比較頑皮、沒法溝通的孩子，一打，他們就真的乖了，那如果不打，要怎麼教呢？

糖老大 我看時間還早，我也有點渴了，我們找個咖啡廳坐坐，繼續聊吧。

　　糖老大與業師父兩人便找了個咖啡廳坐下來繼續聊「到底能不能打小孩」這個話題……

第十一篇

你的孩子欠揍嗎？

11

你的孩子欠揍嗎？

業師父與糖老大到了咖啡廳，巧遇安熙教練。

安熙教練是高中籃球隊的教練，一頭白髮，有著和藹
的笑容，球隊的學生私下都稱呼他為「老爹」，除了指導
籃球隊之外，同時也是學生心中的心靈導師，時常解決孩
子們生活或生命上的問題，不只學生，安熙教練也處理了
很多夫妻與親子間的衝突事件，糖老大也曾是被處理過的
個案之一，深受撼動，所以轉而跟隨安熙教練學習生命輔
導與陪伴，成為亦師亦友的關係。

三人寒暄了一下，找了張桌子坐了下來……

業師父 安熙教練，剛才我跟糖老大聊到了「體罰」這個問題，我有一些疑問。我知道「棒下出孝子」、「不打不成器」這句話也是一種毒性教條，但對於一些比較調皮搗蛋、或是無法溝通的孩子，真的有些效果。原本難以管教的，一打一罰就乖了。你們不贊成使用暴力但也不鼓勵愛的教育，而是用尊重式的教育方式。但尊重歸尊重，孩子畢竟只是孩子，有時沒辦法說道理，難道我們一點都不能打他們嗎？

安熙教練 生命的問題，大多來自於我們的原生家庭。當然，教養小孩的問題也不例外，連結到你問的體罰，從原生家庭來看吧，很多人小時候也是被一路打到大的，正所謂「不打不成器」，其實打了也不一定成器，但我們還是被傳統的制約所綑綁，不管會不會成器，反正管教小孩打就對了；有些父母會覺得小孩講都講不聽，好像在對牛彈琴，越講越沒耐性，打下去好像還比較快，反正也想不出更好的辦法。

糖老大 教練剛才說到「打下去比較快」，讓我想到有天有位朋友請我到他們家作客，看到主人的太太正在問他們的孩子晚餐要吃什麼，

太太問：「寶貝，晚餐我煮麵給你吃好不好？」

孩子答：「我不要，昨天才吃，今天不想再吃麵。」

太太說：「不想吃麵，那媽媽去買壽司好不好？」

孩子說：「我不要，壽司是冷的，我不喜歡吃。」

媽媽說什麼，孩子就不要什麼，這時候男主人終於忍不住了，走到孩子面前，呼了他一耳光，說：

「給你吃什麼，你就吃什麼，哪來那麼多意見！再鬧等下我揍你！」

那一巴掌雖然不是很大力，但從孩子的表情充滿驚恐，姑且不論他的行為或態度是否恰當，但這樣的暴力好像是處理了孩子當下的問題，但孩子產生的恐懼卻是往潛意識走的，因為他們無法反抗。

安熙教練　是的，我們大人總是非常積極在解決孩子所產生的問題，但是卻沒有能夠好好靜下心來了解問題。就像糖老大的例子，這位爸爸積極的處理了孩子這也不吃、那也不吃的問題，然後用暴力來解決，以後很有可能會造成更大的問題，而這個問題恐怕是連暴力都解決不了的。

業師父　可是孩子有問題，不積極的處理，難道要等到變本加厲才要處理嗎？這樣會不會來不及呢？我覺得像糖老大舉的例子，那個小孩那麼難搞又無理取鬧，如果是我的話，雖然不至於會呼巴掌，但一定也是會當下揍我一頓罵。難道那種情況，我也要眼睜睜

看著孩子無止境的鬧下去嗎？

💡 打小孩是父母無能的表現

**安熙
教練**　糖老大的例子是比較極端一點，但他是要凸顯很多
家長遇到問題都想要快速處理的心態，尤其是使用
暴力打小孩，感覺好像打下去，事情就可以解決，
但其實「**打小孩是父母無能的表現**」。

業師父　打小孩代表父母的無能？這話會不會說得太重了？

**安熙
教練**　這句話不是重，而是一個存在的事實。我再舉個例
子吧，很多的小孩在小時候一直不好好吃飯，總是
動來動去，甚至跑上跑下的，父母覺得這實在沒有
吃飯的樣子，就打下去。表面上在教訓孩子沒有好
好吃飯，實際上是表示父母沒有能力處理小孩好好
吃飯這件事，因為沒有處理這件事情的能耐，所以
就只好用「打」來解決問題。

業師父　所以你所謂的「無能」，指的是沒有能夠處理孩子
當下問題的能力囉？這麼說來，偶爾我也蠻「無能」
的，會用體罰的方法對待小孩，但也想不到其他更
好的方式，覺得自己實在不是個合格父親。

安熙教練 不需要因為打罵小孩，就覺得自己是不合格甚至失敗的父母。如果我們想要解決問題，一定要先接受問題，並且允許問題的存在。就像小孩吃飯的問題，我們告訴自己：我的孩子現在的確有不能好好吃飯這個問題，只是現在還想不到一個適當的處理方式，然後接受現在還沒有辦法解決問題的自己。

有時候我們越是用力的解決問題，問題就會越膠著，問題越膠著，問題者本身的關係也會越困難，包括跟自己的關係，就會變成一個情緒的黑洞，無法自拔，最後反而傷害到自己，還有最愛的家人。

糖老大 吃飯、睡覺、上廁所，這些對孩子本來是很自然的事，每個小孩都有自己的時間表，但很多爸媽常會對孩子現在的狀況或表現不滿意，硬是要去矯正成自己期望的樣貌，最後自然都變成不自然。我在跟安熙教練輔導過程中看過很多類似這樣情況的孩子，常有焦慮、拔頭髮、咬指甲、磨牙，甚至演變成過度壓抑的性格、強迫症、精神官能症的情況。

安熙教練 有些事並不是孩子不想做、不願意做，或許這些事在目前是超過他們自我控制能力所能完成的。我們太想在孩子的身上看到我們期望的結果，無形中卻造成了孩子的壓力，甚至是造成自己的壓力。

馬戲團式的教育

這時糖老大突然想起了什麼，打開了手機，找出一個影片，三人邊看邊聊。

糖老大　我突然想起一段曾經看過的影片，想跟你們分享。影片的主角叫做提卡（Tyke），是一隻非洲象，當初他從非洲被非法賣到馬戲團時，還只是一隻象寶寶，從小到大的 20 年，從來沒有見過家人一面，也從來沒有聞過家鄉草地與泥土的味道，面對的只有馬戲團裡每天不斷的訓練、咒罵與毒打，為的是要娛樂來馬戲團看表演的人們，以及訓練師的期望。直到 1994 年 8 月 20 日，他終於到達了極限。這一天，提卡在訓練師的鞭打下，突然失去了控制，在所有觀眾面前，帶著憤怒與恐懼抓狂，這是他第一次捍衛自己，反抗長期虐待他的訓練師，也是最後一次……絕望憤怒的提卡衝撞了訓練師，並試圖脫逃，驚慌失措的他衝出了馬戲團，逃到街道上，沒多久可怕的槍聲響起，人們用了 86 顆子彈，才讓提卡停止逃竄，阻止他逃向本來應該擁有的生路。最後，提卡沒有得到自由，反而迎向死亡，在

他倒下時，頭上還帶著那頂馬戲團的派對帽子……

業師父 這段影片讓人看了好沉重。

糖老大 是啊，當初我看到這部影片的時候，我在想……提卡之所以會爆走，最後演變成無法收拾的悲慘命運，到底是他的天性如此？還是長期受到暴力的威脅與迫害的壓力？

　　如果主角換成是我們的孩子，很多遭受到打罵環境下長大，有一天是不是也會反彈、抗爭，甚至發生一樣不好的結果呢？

業師父 雖然很可憐，我也不贊成馬戲團訓練動物，不過就事論事，這段影片裡的大象提卡沒有人類的智慧與靈性，無法理解我們說的話與指令，才必須使用打罵的方式訓練，跟孩子的管教沒有太大的關聯吧？

糖老大 如果動物沒有智慧跟靈性，所以才要用打或罵的方式來教育、訓練，那麼自詡是「萬物之靈」的我們，真的需要用打罵的方式教育我們的下一代嗎？

業師父 這個……好像也是喔。糖老大你說服我了。

糖老大 我只是感嘆，我們在看別人或是動物被這樣暴力對待的時候，都會有憐憫之心，但是奇怪了，面對自己小孩的時候，爸媽卻會從悲天憫人的天使變身成為心狠手辣的魔鬼。

誰造就了孩子的困難

業師父 話是這麼說，但我們本來就有很多來自原生家庭、外界、甚至自身的壓力跟困難，如果可以，我們也不想給孩子這些壓力，變成一個魔鬼啊。不就是為了希望他們能夠成長，將來有能力自己去面對這個世界給他們的挑戰與難題。

安熙教練 你會這麼想，是因為你把重點放在自己身上了，比起這個世界的難題，其實往往父母才是造成孩子難題的人啊。如果你要你的孩子將來有很多生活上的困難，那就繼續製造孩子生命上的困難吧，將來我們做父母的，勢必也會收割他們生活上的困難。

業師父 好像繞口令，我都迷糊了。所以到底誰的困難是誰的困難？生活的困難跟生命又有什麼關係？

安熙教練 我們生活上所遇到的困難，往往來自生命裡的困難；而生命裡的困難，往往來自於父母的為難，這都是息息相關的。一旦父母為難了孩子，用打的、罵的，不解除自己根深蒂固的制約，只會讓親子間的關係越來越疏離。打罵，除了是父母無能的表現外，也是父母不願意放下自己的權威。打罵，不只是因為父母詞窮，而背後最深處的情緒是來自於「忌妒」。

業師父　忌妒？忌妒誰？

**安熙
教練**　當然是忌妒孩子啊，以前我只是多講一句話就被爸
爸媽媽打，現在我讓你說了五句，比我還多四句，
你居然還不知道分寸，不打怎消心頭的怒氣？為什
麼要打，為了要滿足我們父母深埋的忌妒之心，所
以我們明明知道要愛孩子，不應該打孩子，但是卻
常常做不到，是因為身體裡面又住著一個愛忌妒的
內在小孩。

糖老大　以前我還沒跟安熙教練學習的時候，看到老婆在疼
小孩，我心裡是很不舒服的，但卻不知道是什麼原
因，後來學習之後，才慢慢察覺，原來這樣的不舒
服是來自於「我小的時候為什麼沒有人可以這樣疼
我」，所以看到這樣有福氣的人，就算是自己的小
孩，也會覺得忌妒與不舒服，尤其當小孩得了便宜
還賣乖的時候，就會更不爽。

業師父　我看我老婆最近常看宮廷劇，裡面都是因為忌妒而
導致很多災難，爾虞我詐、勾心鬥角的，原來這樣
的忌妒也都一直在我們的生活中，甚至是對自己的
孩子也會有這樣的情緒，倒是我想都沒想過的。

**安熙
教練**　家長都會問，孩子這個怎辦？那個怎麼教？我都會
告訴他們：「**孩子的教育，關鍵不在孩子**」。

業師父　孩子的教育，關鍵不在孩子？你的意思關鍵是在孩子的環境、學校、還是社會？……我想起來了，記得一開始您有說到生命的問題，大多來自「原生家庭」，所以關鍵是在我們父母？

安熙教練　業師父觸類旁通感覺很敏銳，是的，每個孩子天生下來就有各自不同的氣質、是美好的，都像是一張白紙。如果過了幾年，你開始受不了你的孩子了，要知道，你的孩子是被你所影響出來的，他們並不是故意要讓你受不了的。

話雖如此，孩子當然還是會有他們自己的感覺及反應，例如你硬是要他吃他不想吃的，他就會反對。但是大人很奇怪，常常上演一齣叫做「你不要，我就偏偏要」的戲碼，硬是要孩子吃他們不想吃的，好像不吃這樣東西就會長不高、長不壯，實際上，真的不一定是這樣，這樣的制約潛藏在生活裡、關係裡，往往會搞得大家都不愉快。

業師父　理想狀況來說是很有道理沒錯，可是實際上，小孩的失控、脫序、不聽管教的行為是讓父母很抓狂的重要原因，我覺得大部分會打小孩的爸媽都是因為被小孩惹到受不了，才會這麼做。

糖老大　我覺得業師父又講到另外一個很重要的點，**父母之**

所以會打孩子，是因為自己在情緒管理上沒做好。

並非「不會」情緒管理，而是「沒做好」情緒管理。

業師父 「不會情緒管理」跟「沒做好情緒管理」不是一樣的概念嗎？差別在哪呢？

糖老大 我來假設一個劇情吧：一個小孩因為成績考不好被爸爸罰跪，哭得很慘，爸爸則是連打帶罵的說：

「考這是什麼成績啊！這麼簡單的題目都考不好，枉費我花了那麼多的錢讓你去補習班補習，都白補了，哭什麼哭！你還好意思哭！」

一方面不允許孩子的情緒，一方面卻又在體罰孩子，爸爸聽到孩子哭，越哭他越生氣。這時突然來了一通電話，爸爸一看，是自己的客戶打來的，態度突然 180 度的轉變，語氣輕柔、面帶微笑的說：

「陳老闆嗎？是是，您好！不打擾、不打擾！您交代的案子這兩天一定完成，我們公司一定赴湯蹈火、使命必達，絕對讓陳老闆滿意……」

電話一掛掉，轉過頭對孩子又是另一個態度：

「還哭！再哭我再揍你……」

業師父你覺得這個爸爸是「不會」情緒管理；還是「做不好」情緒管理？

業師父 嗯……這樣我好像比較了解了，我覺得這個爸爸是

會情緒管理的，要不然怎麼會明明好像在氣頭上，客戶電話一來就變成另一個人似的；他應該是做不好情緒管理，因為他會因為孩子成績考不好而有過度的反應跟暴力行為。

糖老大 所以啊，很多的爸媽都會反應說，都是因為孩子對我頂嘴、吵鬧、功課不好好寫……這個那個的理由，搞得根本控制不了我的情緒所以我才會抓狂，但真的是這樣子嗎？你看剛才的劇情，這個爸爸不就是翻臉跟翻書一樣快，誰說控制不了的？明明就可以輕鬆的轉換，只是沒有把這樣的轉換做好罷了。

安熙教練 很多父母覺得反正孩子還小，在他們面前有情緒沒什麼大不了的，我們做父母的有情緒，是因為小孩給我們氣受，我們發洩出來，也只是剛好而已。但就像我們前面聊到的，父母親這樣強烈的情緒，會造成孩子情緒的壓抑，進入到潛意識後進而影響他們的人格發展。別以為小孩不懂，就算是出生沒多久的小嬰兒，雖聽不懂大人說話的內容，但是說話的語氣、表情、動作……他們都是會清楚的感受到；大人的不耐煩、生氣、憤怒……他們也都會知道；相反的，如果你有耐心、和顏悅色，他們都能了解。問題是，孩子當下可以接受、聽懂到什麼程度。

心平氣和的、有耐心的聽聽看孩子怎麼說、說什麼就很重要；我們父母有沒有用暴力脅迫、很強硬的要孩子一定要依照我們的想法或期望行事也很重要。好好的說，孩子也是會有良知，會改善自己的。

業師父　我們身為父母真的需要花時間培養耐心，才能把自己的情緒管理好，但不管我們現在做的方式是什麼，我們的出發點也都是為了自己的孩子好，真的也是不容易。

誰到底為誰好？

安熙教練　真的是很不容易，但是我們也很容易陷入一種迷思，就是當自己在打孩子、教訓孩子的時候會給自己一個冠冕堂皇的理由，那就是「我都是為了你好」，打你，是為了你好；罵你，是為了你好，將來你會感謝我這樣子教育你。其實，這樣真的是為了孩子好嗎？這樣只是把造成孩子痛苦的毒性教條傳承下去，將來當你的孩子有了孩子，他們一樣會「為了他們好」而繼續在負面的無限循環裡。

業師父　雖然我們小時候也是被打罵過來的，回頭想想，的

確那是個痛苦的回憶，但也造就了我們現在的樣子，我們個性沒有偏差、沒有學壞、在學業與工作上也表現得不錯，所以當初的打罵，我們的父母也是有其道理跟成果不是嗎？至少在我們長大了以後得到驗證。

安熙教練　業師父你可以回想一下你的童年經驗，當被打的時候，你會開心、快樂嗎？

業師父　當然是不開心、不快樂啊。不會有父母在處罰孩子的時候，還希望他們是笑嘻嘻的吧？

安熙教練　小時候你會覺得不開心、不快樂，為什麼長大了以後，你就忽略了當時的感覺呢？就像你剛才說的，後來自己沒偏差變壞、家庭工作也不錯，所以就把小時候被打罵這樣的事情合理化，覺得這樣的教育方式是對的，是因為你現在已經成為「既得利益者」，你的成就跟他們的打罵有沒有關係，這倒是不一定，可以確定的是，你長大了，有權柄了，你也可以開始打人了。

這樣的父母，通常打小孩時心裡的潛台詞是：

「我知道被打是不舒服、痛苦、不開心的，但是我知道當初父母打我是為了我好，我也是這樣過來的，才會有今天的成果，所以我也要這樣教育

你……」

這樣的想法都只是在用我們的理智在催眠自己，當時被打的我們，其實很痛苦，只是我們學會了去美化這些痛苦的過去，來掩飾這一塊傷痛，好不讓自己在受到傷害。然後跟孩子說：

「等你長大就會知道我的苦心了，我做的一切都是因為愛你、為你好……」。這樣的結果其實是很悲哀的，因為這是用互相傷害來表達愛。

業師父 或許我們都受到傳統的制約太深了，好像要用打罵的教育才能教出好小孩，但我們的父母也是用這樣的方式教育我們的，難道還有更好的方法嗎？

安熙教練 在這幾年輔導的過程中，我發現東方人，尤其是華人，都很愛孩子，但是又不懂得愛孩子。

業師父 教練說話都好深奧啊。說華人愛孩子，又不懂愛孩子，到底是愛還是不愛呢？我搞混了。

安熙教練 哈哈哈！我說的華人愛孩子，說的是心裡愛孩子，這是天性，跟西方人比起來，親子間的羈絆反而更深；不懂得愛孩子，說的是不懂得用適當的方式去愛孩子。都以為愛就是要跟打罵放在一起，好像不會打罵小孩，就是不會教小孩、就會害了小孩。但事實上真的是這樣嗎？我們父母要做的，應該是要

去了解孩子在每個行為後面的原因，當了解之後，你會發現常常都是父母自己對事件的反應太快而打罵錯了。先去了解原因，接受了理由，父母的情緒相對的也可以放下許多，得到的是更多的理解與更少的傷害。

這也就是我常說的「了解、接受、放下、得到」。

糖老大 但如果孩子犯了錯，就算了解背後的原因，很多家長還是會覺得不打、不罵，是否表示認同了他們的行為？會不會造成孩子得過且過的心態呢？

業師父 糖老大正好提出了我的疑問，就算了解了原因，還是要有辦法可以處理孩子的狀況或犯錯啊。

安熙教練 這也是一個迷思，好像一定要用打的，才會讓小孩知道我們不認同他們的行為，其實方式有很多啊。我認為有三種方式，如果能並用，根本就不需要打小孩，就會有很好的效果。

業師父 那麼神奇？！安熙教練請您快說！！

安熙教練 別急，別急。剛才不是才說要練習耐心好好聽嗎？其實很簡單，就是「**了解**」、「**溝通**」、與「**尊重**」。也就是，了解孩子背後的原因，再用平緩的語氣跟孩子做溝通，溝通之後尊重孩子的選擇與結果。

業師父 可以請您舉個例子嗎？

**安熙
教練**

有一個孩子的聯絡簿上被老師寫上今天在學校跟其他同學打架，父親回家看到了，直接叫孩子來到跟前跪下，痛罵為什麼在學校打人，結果孩子在父親的淫威跟恐懼下，什麼都不敢說，所以就被毒打一頓，這就是沒有做到「了解」、「溝通」、「尊重」。過了幾年後，一個機會下孩子才說出，當年是因為同學笑自己是一個沒有媽媽的野孩子，還夥同其他同學一起嘲笑他，忍無可忍才會動手，父親聽完才後悔當初情緒性的反應。雖然這是電視裡肥皂劇中會出現的情節，但多少反映出很多父母真實生活的情況。也有情況是，就算是知道原因了，卻還是說：

「打人就是不對，沒什麼好說的。你打人，我就打你。人家只說你是野小孩你就打人，那你長大了不就要殺人放火啦！」

這樣子就只有「了解」，而沒有做到「溝通」更不要說「尊重」。孩子也一定不服，說了還被痛罵，以後乾脆不說了。

同樣的例子，可以先了解孩子當時的情況，是什麼原因打人，前因後果交叉比對，父親因為了解，比較不會有那麼多的情緒，然後用平和的語氣溝通打人這件事是對還是錯，在得到充分溝通下，孩子了

解自己不對後，再給予適度的懲罰，讓孩子接受自己打人後應該付出的代價，這就是尊重。

不打不罵如何管教？

業師父　雖然前面聊了那麼多，大部分我都可以接受，但一直把打小孩這件事好像講得罪大惡極，對小孩造成人生難以抹滅的傷害，好像也未免太過嚴重了點，畢竟管教孩子這件事情的方式千萬種，父母只是選擇用了打罵的方式處理，有那麼嚴重嗎？背負著麼重的責難，要怎麼面對管教孩子這件事呢？

**安熙
教練**　父母打罵孩子不外乎希望孩子能夠「受教」，那我們就先看一下孩子被打了之後有幾種情況：

第一種孩子，被打的當下承諾自己再也不會再犯，但是打完了以後依舊繼續犯錯，這是最常見的情況，所以這樣的家庭常看到「三天一小打、五天一大打」的戲碼不斷無限循環，就算有真的打完聽話的，大概也只有 1%，而且大部分是女生。

第二種孩子，被打的時候除了哭，還是哭，什麼也不會說，你也不會知道他們到底知不知道哪裡做

錯，哭到打完繼續哭……我們打孩子到底是要孩子知錯、受教，或只是要他們哭呢？哭完了之後，他們到底知不知道父母打他們的原因，也是個問題。

第三種孩子，跟上一種孩子相反，完全忍耐，不哭、也不回嘴，不斷的壓抑自己的情緒與感覺，有些父母遇到這樣的孩子反而打得更兇，會覺得這孩子一點也沒有反省、很拗、不知錯的心態。殊不知，孩子或許只是不敢反應罷了。長久下來，孩子會變得不會表達、隱藏自己的情緒。就像糖老大在一開始跟我們聊到的，我們在輔導過程中常會有焦慮、拔頭髮、咬指甲、磨牙……甚至演變成過度壓抑的性格、強迫症、精神官能症……的情況發生。

第四種孩子，也是反應最大的，像是我們看到提卡大象影片的類型，也就是反抗的孩子。他們被打的時候，會表現出憤怒的情緒，反抗、回嘴，父母親就打得更兇，或許在孩子還小的時候無法反抗，某天他長大後發覺他的力氣已經可以跟父母抗衡了，會回手、以暴制暴，甚至最後造成人倫悲劇。

是的，或許使用打罵的方式可以得到快速的效果，但是一旦孩子被打習慣了，就會覺得要打你就打吧，反正打完就沒事了。等到哪一天，父母親年紀

大了，打不動、罵不聽了，要怎麼管教呢？特效藥治的是急症，如果想要長治久安，還是要靠耐心，累積平常良好的溝通才是最好的方式。

業師父 不打不罵的話，有沒有什麼具體的方式呢？前面有提到可以有適度的懲罰，要怎麼拿捏才叫適度呢？

安熙教練 方式各式各樣，只要是適合自己的孩子的都會是好方式，我這邊倒是可以提供幾個做參考：

一、**罰站**－－罰站沒有直接身體上的傷害，在定點站好，時間不宜太久，是為了要讓孩子可以在一個地方靜下心來。年紀小的孩子，罰站時可以陪在旁邊，那怕是邊哭邊站也要堅持站完規定的時間。

二、**隔離**－－帶離現場，或是讓孩子在一個獨立空間，離開原本有情緒的場域，讓孩子能平靜下來。持續站著坐著都可以，但不能把孩子單獨關在密閉空間，否則容易會讓孩子產生莫名的恐懼感或沒安全感，可以陪同孩子在房間裡。

三、**因果關係**－－－父母的處置與孩子的問題前後相關，例如孩子不吃飯，跟孩子說，不吃的話我十分鐘後就要收掉了，等到時間到了就把飯菜收掉。讓孩子知道如果不吃飯就沒飯吃的因果關係，要注意的是，父母親必須要說到做到，如果一次、兩

次都還是沒有堅持，孩子就會認為父母只是說說罷了，不會放在心上，自然效果有限。

不管是用什麼樣的方式懲罰，都有一個前提，就是要先讓孩子知道他們是為什麼會被懲罰，錯在哪裡、之後要如何修正。若他們在什麼都搞不清楚的情況下接受懲罰，恐怕還是會一錯再錯，造成的只是孩子不斷受傷害和父母不斷的受挫折罷了。

現在的孩子 IQ 普遍比以前還高，但 EQ 卻相對變低，本來對於情緒的處理與掌控就比較差，還是高自尊心的世代，加上大環境與資訊爆炸，若用打罵的方式教育他們，沒效果不打緊，反而造成更大的問題。最後還有一個重點，就是在跟孩子溝通的時候，父母要一定要「說明情緒，但不情緒性說話」。

業師父 這句話我知道，糖老大曾經跟我講過。原來這麼有道理的話是從安熙教練這邊開始流傳的啊，今天與教練一席話真的獲益良多。

糖老大 難得可以跟教練與業師父一起在喝咖啡、聊教養，真是有意義。安熙教練你知道嗎？原本我們倆來這邊坐，就是為了聊有關親子教養裡，打罵小孩的問題，能巧遇您真是太好了，教練說的要比我還要來得更精闢個百倍千倍呢。

業師父　是啊，安熙教練您這杯咖啡一定讓要我來請客。

安熙教練　你們太客氣了，能夠一起互相交流是一件很棒的事情，希望能夠給你一些不一樣的想法，糖老大常常來找我聊，歡迎你下次一起來啊。

業師父　一定一定……

　　安熙教練、糖老大、業師父三人又在咖啡廳聊了一會兒，業師父在這次的談話中得到了很多與以往不同的思維，要改變別人、改變家庭、改變孩子，都是要從改變自己開始做起，也領悟到以往自己接收到的制約、毒性教條、曾經由父母所留下的傷害都必須要慢慢察覺與和解，需要花時間與耐心學習與練習，當下決定要和糖老大一起跟著安希教練學習陪伴、照顧自己的生命這個一生的課程。天色晚了，三人告別回家，並約好了下一次的碰面……

https://pets.ettoday.net/news/1128370
大象提卡事件新聞
https://www.youtube.com/watch?v=kD5PtbVX2r0
大象提卡事件影片

第十二篇

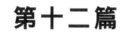

教養孩子的難處

（一）：你的孩子不是你的孩子

12

教養孩子的難處

（一）：你的孩子不是你的孩子

這天，業師父與兒子發生了激烈的衝突

就讀國小六年級的大兒子，從小都跟著業師父在拳館習拳，每天早上五點起床，五點半練拳，六點半出門上課，放學回家後繼續練拳兩小時，至今八年不曾間斷，就在這天的早晨練完拳後，突然對業師父表達不想繼續練拳的想法，業師父無法接受自己開拳館，但自己兒子卻不繼續練拳這件事，當下憤怒地拒絕了兒子的請求，兒子也激烈的回嘴，爭吵到最後不了了之，兩人負氣三天沒說話，硬脾氣的父子兩人，連業師母也沒辦法居中調解，而業師父其實也想要跟兒子和解，畢竟在他的心裡還是希望家和萬事興，卻也找不到台階下，便找糖老大，希望能得到一些幫助。在跟糖老大說明來意之後……

業師父　我實在很生氣，也覺得丟臉，自己教拳但兒子卻不想學拳，這件事情要是傳出去，我還要怎麼教學生啊！但畢竟他是我兒子，我也知道他們需要的是愛，也就像你說的要尊重孩子，所以我也不願意僵持繼續下去，我也想跟他和解，也應該要跟他和解，但卻過不去自己的那關，跟兒子連一句話都講不出來。唉，這樣還要和什麼解？搞得最近家裡的氣氛很糟糕，真的很苦惱，不知道該怎麼辦才好。

糖老大　業師父，你有問過你兒子為什麼不想繼續練拳嗎？

業師父　有什麼好問的，一定就是想偷懶！而且快升國中了，主見越來越強，不想老是被我逼著練拳，覺得人生要自己掌控，但我無法接受這樣的想法。

糖老大　無法接受？業師父不能接受的點是什麼？

業師父　練拳本是件可以強身健體的事，也可以保護自己，不被人欺負，自己家裡就是開拳館的，不好好的精進鍛鍊，整天只想著要偷懶，這樣放縱自己，將來還得了，書不一定要讀得有多好，但我就是希望培養他當一個不被人欺負、堂堂正正的人。把拳練好，也算是有一技之長，等到我老了，拳館交給他，他也不用擔心未來的出路，這樣有錯嗎？

糖老大　我無法評斷對錯，但有些想法倒是可以跟你分享。

業師父　糖老大請說，我就是想來聽聽你的意見的。

糖老大　就跟業師父一樣，很多的爸媽會把自己的希望寄託在孩子的身上，基本在觀念上就犯了一個錯誤，就是會把自己沒完成，或是還沒完成的夢想，希望孩子能夠替自己完成。這就是自古以來在親子關係和教養上最大的難處。

業師父　真的很難。以前孩子小，說什麼就聽什麼，現在大了，漸漸無法控制、甚至失控……

學習如何當個爸媽

糖老大　那是因為我們身為爸媽的，沒有繼續學習「如何當個爸媽」，爸媽沒有學習，絕對是孩子的災難，我們都覺得該學習、該成長的應該是孩子，因為他們什麼都不懂，我們身為父母的不也是一樣需要學習嗎？如何照顧孩子幼兒時期、如何跟請少年時期的孩子做好溝通……我們承襲了從小到大來自於原生家庭的價值觀，就很容易把這樣的價值觀直接複製貼上到我們的下一代，認為「孩子就是我們未來的希望」。當然有這樣的想法也無可厚非，因為除了

原生家庭外，傳統禮教、社會文化、或是主流媒體渲染而形成的觀念。電視、書籍、長輩這麼寫、這麼說，我們也自然會「望子成龍、望女成鳳」。

業師父　當然是啊，沒有父母會希望自己的孩子是條蟲吧？總是希望他們能夠青出於藍而勝於藍，不是嗎？

糖老大　這樣的想法都是制約。當然，好的想法跟傳統是應該要繼續保持延續的，不合時宜的制約，則需要重新打破，不然當初自己所承受的壓力，同樣也會加諸在下一代身上。之前也有個媽媽跟我說：

「我希望我的女兒能夠學鋼琴，但她死都不學，強烈的抗拒，我都已經訂了一台鋼琴了，怎麼能說不學就不學。你知道我女兒跟我說什麼嗎？她竟然跟我說：『你不要訂喔，就算妳訂了，我也打死不學，妳放心好了』。真是氣死我了，我再也不想跟她說話了，除非她願意聽我的去學鋼琴。」

業師父　哎……這樣的劇情，有點熟悉啊，好像跟我們家的情形有點像。糖老大，你是怎麼回答她的呢？

糖老大　我問她：「你為什麼會氣到不想跟他講話呢？」
她說：「以前我很想學鋼琴，但是當時爸媽根本買不起，說學琴是有錢人的事。我跟他們說我可以打工賺學費、買鋼琴啊。他們回我：『學鋼琴幹什麼？

能當飯吃嗎？與其浪費錢學琴，不如好好讀書，有個好出路。』現在我有能力可以買鋼琴、付學費了，可是我的女兒卻不想學，真的是人在福中不知福，我不跟她說話就是要讓她知道這一點。」

身為爸媽，怎麼可以把自己當初未完成的夢想卻要求自己的孩子來完成呢？甚至會跟孩子說「這一切都是為了你好」。但同時間，你的孩子心理的吶喊卻是：「我不需要你為了我好，我有我自己的選擇」。當孩子聽到父母說出「我是為了你好，難道我會害你嗎？」的時候，事實上孩子不但不能感受到父母的愛，反而會得到極大的反感以及痛苦。

業師父　孩子痛苦？苦心不被體會是父母比較痛苦吧？

糖老大　孩子之所以會反感與痛苦，是因為每個孩子都有自己的一片天，有他們各自不同來到這世界上的天賦與使命，俗話說「天生我材必有用，千金散盡還復來」，我們的孩子其實不是我們的孩子。

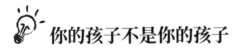# 你的孩子不是你的孩子

業師父　啊？我們的孩子不是我們的孩子？那是誰的孩子？

糖老大　我們的孩子是上天的孩子，他們都是上天暫時託我
　　　　們照顧的，等到他們漸漸長大，就要尊重他們，把
　　　　該屬於他們的權力還給他們。但大部分的爸媽並沒
　　　　有認知到這一點，硬是用自以為的好，來干預孩子
　　　　的選擇，這是令人感到十分遺憾的。後來我就告訴
　　　　這位媽媽：「學鋼琴是件好事，但這件事是你的夢
　　　　想，並不是你女兒的，如果他不想學，就不應該強
　　　　迫她，她不想學鋼琴，並沒有對不起你。」
　　　　那位媽媽回答我：「這樣講好像我是個專制的媽媽
　　　　一樣，我也是有跟她分析學鋼琴的好處，但是她就
　　　　是不領情啊。」
　　　　我問：「你認為學鋼琴的好處是什麼呢？」
　　　　媽媽答：「有氣質啊，手指會更修長啊，而且學好
　　　　了將來就有一技之長，可以靠教鋼琴賺錢，男孩子
　　　　看到了也會喜歡……之類的。」
　　　　我說：「有氣質的方式很多、手指修長的方式很多、
　　　　賺錢的方式很多、吸引男孩子的方式很多，為什麼
　　　　一定要靠學鋼琴才能有呢？是不是可以順著孩子的
　　　　意願，而不是非要順著你的呢？」

業師父　聽你們的對話，我好像開始了解你想要說的是什麼
　　　　了。這位媽媽表面上看似希望孩子好而要她去學鋼

琴，但站在第三者的角度，媽媽一直強勢的在要求自己的女兒完成自己未完成的夢想。

糖老大 這只是前半場，真正的衝突還在後面，媽媽說：「好啦、好啦，就算像你說的，不要順著我的想法，他們自己有一片天，不學琴就算了、不買琴也就算了，但是你知道她跟我說什麼嗎？她居然跟我說，她不想學琴是因為想要學舉重，有沒有搞錯啊！」

我問：「舉重，很好啊，有什麼問題嗎？」

媽媽說：「糖老大啊，怎麼會沒有問題？問題可大了，她是女孩子哎，練舉重將來是要怎麼嫁人啦？」

業師父 哇！這劇情真是急轉直下，換作是我應該也是不能接受吧。糖老大是如何回答她的呢？

糖老大 我問：「有人逼你女兒去學舉重嗎？」

她說：「不是，她說是她自己想學的。」

我問：「既然是她自己想學的，為什麼你不願意讓她去學呢？說不定舉重很適合她，以後還能為國爭光，出國比賽呢。」

她說：「出國我是不知道啦，但學舉重，手粗腿粗屁股大的，這樣能看嗎？以後是要怎麼嫁人啦？」

我好說歹說，但這位媽媽其實只是想找人說，並沒有要聽別人怎麼說，原本是希望我能站在她的角

度，跟她一鼻孔出氣，一起說小孩的不是，但沒想到我卻是站在孩子的那一邊，最後她還是氣呼呼的來，也氣呼呼的離開了。

業師父 這位媽媽的反應真的很大，而且一切都好像都以她自己的視角為出發點去思考孩子的未來，而不是站在孩子的角度。可是孩子的判斷力並不如大人來的成熟，我們做父母的會幫孩子打算也是天經地義，但說真的，我們也不想一直幫孩子決定這個決定那個的，只是實在不知道要從什麼時候開始把主導權交給他們比較好。

把孩子主權的還給孩子

糖老大 我認為大概是國小五、六年級，也就是大概 11、12 歲左右，這時候的孩子已經開始有自己的主見以及想法，開始進入到可以獨立思考的階段，這時候把主權慢慢的還給他們，要他們開始為了自己的選擇、為了自己的人生負責。

很多孩子變媽寶或啃老族，都是因為有放不了手的父母，替孩子決定所有事、處理善後，爸媽沒有學

習成長，放手讓孩子飛翔，孩子當然也就不會成長，因為孩子能夠成長的動力，絕對來自父母的成長。父母什麼都不願意改變，怎麼能期望孩子自己就會變得獨立自主，不需要爸媽操心呢？爸媽越操心，孩子越出紕漏；越出紕漏，爸媽就更會擔心，然後無限循環……孩子對自己的未來及選擇有意願、有想法，其實我們應該是要感到高興的。

業師父 說要放手很容易，我們也都知道，但怎麼放手，才是困難的所在，畢竟我們還是會擔心孩子會做錯事、做錯決定、因為經驗不足造成嚴重的後果，到最後還是父母替他們打算還是最快也最恰當。

糖老大 如果真的有意識地想要放手，那我們最重要要做的事情，就是要「**縮減自己身為父母的權力**」。傳統社會給予父母的權力太大，父是天、母是地，孩子沒有說話的餘地，凡事只要聽父母說的就對了，天下無不是的父母。但弔詭的是……天下的父母難道說的都一定是對的嗎？他們都不會犯錯嗎？很多家庭悲劇，就是因為父母不會妥善使用自己的權力，逼迫、控制自己的孩子，完成父母自己想要完成的。之前新聞上就看過這樣的一個案子。有一個女兒成績很好，但不想讀北一女，媽媽認為她有能力為什

麼不去念，讀了北一女才能考上大學，才會有前途。
所以硬逼著她去考，後來真的考上了，也到學校報
到了，但就在開學後不久，這個女孩，從學校的校
舍一躍而下，結束了自己的生命。遺書中透露出自
己活在這個世界上的不快樂，以及家庭所帶給她的
壓力⋯⋯這樣的例子不是特例，而是時有所聞，表
示這樣的親子關係已經造成了很大的社會問題。

父母把權力壓在孩子的頭上，孩子不敢反抗，明明
家庭應該是要給孩子溫暖與依靠的，卻因為父母不
懂得縮減自己的權力，給予孩子很大的壓力。家，
反而變成了斷頭台，把孩子手腳綁住，硬生生地將
他們推向了毀滅的深淵，實在不是我們所樂見的。

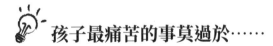

孩子最痛苦的事莫過於⋯⋯

糖老大　業師父，你知道孩子最痛苦的事情是什麼嗎？就是
　　　　　沒有被尊重，以及無法「做自己」。

業師父　我知道那個新聞，我也覺得很遺憾，但畢竟我們也
　　　　　並不都是那樣的虎爸虎媽啊。如果因為聽到那樣的
　　　　　例子，就要讓孩子全都「做自己」，是不是也有些

太矯枉過正了呢？先不說跟他們未來有關的，就拿生活上來說好了，做自己，他們也都是會把自己搞得一團亂啊。房間一團亂、生活一團亂，只會打電動、滑手機、不讀書、不對自己負責、生活沒重心……這樣還能讓他們做自己嗎？

糖老大 你說的也是我發現大部分的爸媽都有的情況，就是會批評、嫌棄自己的孩子。孩子是我們生的，不是更應該相信和鼓勵嗎？這樣的批評與嫌棄，孩子會變得更好嗎？我想答案是否定的。你認為呢？

業師父 哎呀！我好像又陷入到這樣的擔心與不信任了，謝謝你的提醒，這實在需要時間去練習改變自己一直以來的「制約」。

糖老大 慢慢來，練習有意識的去察覺是很重要的喔。

我們都要了解的是，孩子所呈現出來的行為，就像是冰山的一角，會讓他們有某些行為及想法的出現，一定是來自於冰山下所看不見的部份，我們要試圖的去傾聽，去了解，而不是一味的說教、指導。我們要學習的是，尊重孩子，讓他們知道有可以「做自己」的權力，爸媽也無須擔心讓他們做自己的話還得了的這件事，其實真的沒什麼大不了，只是爸媽放不下的那顆心而已。功課不好又如何，很多小

時候功課不好、只會玩的人，長大後也有自己的一片天；很多小時候丟三落四不好，長大後也成為把家裡照顧的無微不至的家庭主婦啊。

業師父 但是生活習慣呢？例如小孩不喜歡刷牙、不愛洗澡，也要讓他們做自己嗎？

糖老大 當然這就需要先作引導，讓孩子知道不刷牙、不洗澡的嚴重性與後果，而不是在沒有溝通了解的情況下完全放任，那就變成是爸媽的不盡責了，「放手」跟「放任」還是有所區別的。若在溝通分析後，孩子還是堅持自己的選擇，這時我們要學習做到「課題分離」。例如不刷牙而牙痛，痛的是小孩自己；不洗澡而髒兮兮，被笑的也是小孩自己，碰到這樣的後果，他們不喜歡、不開心，自然就會改正了。

業師父 真的是這樣嗎？他們不會執迷不悟嗎？

糖老大 真的，孩子其實都是有良知的，人在被完全尊重的時候，心底的良知是會出來的，他們不會因為我們的尊重而逾矩，只會因為我們的不尊重脫序。

業師父 可是如果孩子說不想念書、打架、吸毒、飆車、混幫派……這些我們也要尊重他們嗎？

糖老大 這些極端的案例並不是我們要討論的範圍，為非作歹的事情我們當然是不允許的，而且一般正常的孩

子也不會選擇這些事情去做，就算有，這些極端行為的孩子，通常也是因為來自沒有愛與關懷的破碎家庭、或是來自高壓的虎爸虎媽、或是在家就不被認同、或是過度被保護、不傾聽他們內在的聲音、不讓他們作自己、做什麼都無法讓爸媽滿意……孩子知所以會變壞、偏差，大多也都是從這樣的原因開始，沒有一個孩子天生就是性格有偏差的，會偏差，也是因為爸媽所給予的對待。

業師父 剛剛我說的那些不良行為，其實都是衍生出來的「果」，若我們從「因」開始做起，尊重、關懷、傾聽孩子，他們就不會在行為與思想上偏差，把「善因」處理好了，自然不用去擔心「惡果」，對嗎？

在教養上父母應該要學習的是……

糖老大 沒錯，身為爸媽需要好好學習處理自己的情緒，不要把自己焦慮、擔心……等等負面情緒毫無止盡的加諸在孩子的身上，讓孩子去承受，或是當年不敢對自己父母做的事，現在也不允許孩子作，例如：當年自己不被父母允許哭泣，當了爸爸後，也不允

許自己的兒子哭，還說「男兒有淚不輕彈」。

業師父 今天跟糖老大的談話，我了解到：

孩子的成長來自於父母的成長，有了願意學習成長的父母，才不會把自己的情緒與制約加諸在孩子身上，造成雙方的痛苦。良好的溝通，來自父母願意縮減自己的權力，抑制孩子的想法，只會讓孩子敢怒不敢言，最終鴻溝只會越來越大。最後則是要徹底的尊重孩子，讓孩子有空間可以學習「做自己」。

糖老大 還有要記得，要把「萬般皆下品，唯有讀書高」、「龍生龍，鳳生鳳」這些傳統制約拿掉，不需要利用孩子去完成爸媽想完成或不能完成的夢想，再跟孩子說：「我都是為了你好」。每天花一點時間陪伴孩子，不帶批判聽聽他們的內心世界，有時你會覺得他們是在頂嘴，但事實上他們可能只是在陳述他們的看法，只是還不是那麼能拿捏力道罷了。多用些耐心，允許他們可以跟我們的想法不一樣，因為孩子的生命是屬於他們自己的，而不是我們的。

業師父 糖老大，今天的談話打開了我的心結，我想等會回去我會好好地跟我兒子談談這幾天發生的事，聽聽他怎麼說，很想知道他心裡到底是怎麼想的。

糖老大 太好了，我支持你，你一定沒問題的。

第十三篇

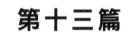

教養孩子的難處

（二）：不要惹兒女的氣

13

教養孩子的難處

（二）：不要惹兒女的氣

　　業師父跟糖老大的談話後，晚上回家與兒子促膝長談。第二天，心情愉悅的找糖老大，與他分享前一晚和兒子談話的內容與結果

業師父　糖老大，昨天真的非常謝謝你跟我分享了那麼多，晚上回去之後，我就主動地找我兒子聊了一晚上，討論的結果也皆大歡喜。原來要跨出溝通第一步，並不是那麼難的一件事嘛。

糖老大　以愛出發，永遠都不會難的，重點是，你的出發點是想找兒子談心，而不是去找麻煩，當然容易多了，看你那麼開心的樣子，結果如何呢？

業師父　就像你說的，我們要先學會傾聽孩子說話。當我說明我想瞭解他為什麼不想學拳這件事情的來由，看我心平氣和，臉上帶著微笑，好像不是要去找他麻煩的樣子，就告訴我：他其實不會討厭練拳，也知道練拳可以強健體魄，只是因為他最近對畫畫產生很大的興趣，想跟同學一起去畫室上課，希望能減少練拳的時間，他才可以有時間練習畫畫。

本來那天就要跟我說事情的緣由，但我一聽到他說不想繼續練拳，就開始大發雷霆，他不敢也不想跟我繼續講下去，就成了這樣的僵局，這幾天他也覺得這樣的衝突讓他心裡很難過，感覺沒有被尊重。

糖老大　原來是這樣，學畫畫不錯啊。後來你怎麼回答他？

業師父　我告訴他很高興他能跟我說出原因，之後我們討論的結果是，他可以去學畫畫，因為課程是在晚上，

所以放學回家後的練拳，他可以自己視情況調整練
拳的時間或是拿來上畫畫課或練習畫畫，但是早上
的練拳還是希望他能繼續，不要放棄，聽到這樣的
結果，他很高興的答應了。

最後我也對我之前的情緒反應跟他說抱歉，當時真
的反應太快、也太激烈了，沒好好聽他說話，搞得
我們兩個都氣了那麼多天，我的心裡也很不舒服。
他也跟我道歉，不應該用那樣不好的態度回話。

糖老大 太好了，這樣皆大歡喜的結果聽到真讓人高興。就
像你說的，當時你的情緒反應實在太快了，「反應
太快是一種病」喔。

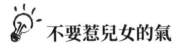 **不要惹兒女的氣**

業師父 啊？反應太快是一種什麼樣的病啊？

糖老大 是一種讓溝通產生不流通的病啊。而且在那種情況
下，發脾氣的兒子是 12 歲，反應太快惹兒子生氣
的你，大概也只有 12 歲半吧。

業師父 哈哈，好了啦，糖老大就別再糗我了，不過經過這
件事，我也深深體會到，沒有學習與察覺自己情緒

的父母，真的拿不出大人的力量來溝通，到最後只會像小孩一樣的吵架、鬧脾氣。

不過糖老大，你剛剛的話要做一些修正喔，你說「反應太快惹兒子生氣的我」，這不完全喔，我兒子當時同樣也惹我不高興啊。

糖老大 我沒說錯啊，你真的是在惹你兒子生氣。

業師父 這樣說不公平吧，我不服氣。

糖老大 業師父別不服氣，不是我說的，是聖經說的。

業師父 聖經？聖經說我惹我兒子生氣？什麼意思啊？

糖老大 聖經說：「你們做父親的，不要惹兒女的氣，恐怕他們失了志氣。」（哥羅西書3：21）。意思是，不要去激怒兒女，這是愛的部分；另外一方面要用上帝（上天）的教導而勸導來教養，這是原則，也就是我們以前聊過的「一手溫柔，一手堅持」。

大部分親子間的衝突，來自於爸媽與孩子之間對於規定的看法不同所引起的。因為年紀、世代的差異，所以對很多事物的看法也會有很大的不同。

「惹兒女的氣」，也就是激怒兒女，業師父覺得爸爸跟媽媽誰比較會惹兒女的氣呢？

業師父 如果硬要選的話，我覺得⋯⋯爸爸吧？聖經也是這樣講的不是嗎？

糖老大　答對了，大部分都是爸爸，而且爸爸還會故意惹兒女生氣。跟女人比起來，男人的確比較孩子氣，所以很容易跟孩子耍脾氣，自己就會像個孩子一樣。當初我在還沒有進入到親子教養學習之前，我的老婆對小孩非常有耐心，當時還很火爆脾氣的我來說，實在是很難接受這樣的事情，有一次跟一群朋友出去旅遊，在吃飯的時候因為一些緣故，我兒子讓我老婆生氣了，這是第一次我看到我老婆對孩子發那麼大的脾氣，居然從他口中說出：「你走開，我不想理你了。」這種話。

業師父　哇！平常看起來那麼溫柔婉約的大嫂居然會說出這句話，可見她當時真的很生氣啊。那時候的你呢？痛罵孩子嗎？

糖老大　那時候的我啊，轉頭看著我兒子，他也是氣呼呼的兩眼瞪著媽媽，兩人僵持不下，看到這種情形，我心裡有一種說不出來的快感。

業師父　哈哈，糖老大，那時候的你也太變態了吧？當爸的不是應該要調停或處理當下的衝突嗎？心裡怎麼反而有快感？你在想什麼？

糖老大　我心裡想：「遇到那麼溫柔的媽媽，你不珍惜，還給我拿翹，這次可終於踢到鐵板了吧。」

業師父　我無法理解，為什麼你當時會有這樣的想法呢？

糖老大　之後我才知道，原來這是一種出於爸爸對兒子的嫉妒，因為我自己小時候並沒有一個那麼溫柔的媽媽，所以看到被溫柔媽媽照顧的兒子被這樣修理，才會有大快我心的感覺。這還不算，接下來我就用挑釁的語氣跟兒子說：

「活該，被罵了吧！哈哈哈！」

你看，這是不是就在惹兒女的氣？

業師父　聽起來……是有點幼稚啊。

糖老大　過分的還在後頭，我不但邊講，我還邊對他拍手。

我兒子聽我這樣挑釁他，他也火了，就大聲對我說：

「你不要拍手！」

我不但沒停止，還變本加厲地繼續大聲拍手說：

「我就是偏要拍手，怎麼樣！你來咬我啊！」

當時我兒子是 6 歲，我看我也大概只有 7 歲吧……

後來兒子拍桌子大喊：「不准拍手！」

都快要翻桌，桌上的菜都震的掉出碗盤了。他這一拍也惹怒我了，才正想開罵，就看我老婆站起身來，很生氣的把兒子抱住，我心想：「太好了，我看這小子要被她媽媽揍了。」沒想到我老婆居然是安撫兒子說：「乖，沒事喔。剛才把拔不應該這樣子激

怒你，沒關係喔……」

業師父 哇！聽到大嫂這樣講，那時候的你一定氣瘋了吧？

糖老大 何止是氣瘋了，簡直豈有此理，老婆安撫的居然是兒子而不是我，對當時狂妄的我來說，怎麼能接受。為了面子我還是吞忍下來了，但也氣得我整天都不想說話，也沒心情玩，心情爆炸到極點，為了這件事，晚上跟我老婆講到三更半夜。我說：「你今天事情這樣子的處理，實在是太過份了，根本是縱容孩子的無理取鬧，今天他會對你用這樣的態度，以後還得了嗎？」

她說：「我什麼地方縱容孩子了？是你一開始就挑釁他的，不是嗎？」

我回她：「好，就算我一開始有挑釁他，但後來你卻縱容他拍桌子，這是什麼情況？以後長大有人對他嗆聲，不就要動刀動槍了嗎？」

她回我：

「你怎麼知道我抱走他後沒有教呢？我跟他說雖然把拔這樣跟你講話讓你很生氣，但是你也不可以因為這樣就拍桌子，這是很不禮貌的行為。」

然後他反過來問我：「把拔為什麼那個時候要這樣激怒一個小孩子呢？他怎麼了？他要不要看看自己

到底怎麼了？」

聽完我目瞪口呆，無言以對，就是因為我老婆有這些讓我當初難以理解的觀念和想法，才一步步開始去學習與瞭解親子教育與溝通這個領域，現在有些心得可以跟大家分享。

父母到底怎麼了

業師父 大嫂所謂「看自己到底怎麼了」指的是什麼呢？

糖老大 她說的是要我「向內觀看」，這也是我們做父母的重要功課之一。有時候我們的童年被爸媽壓抑、不被允許這樣做，就會有負面的情緒產生，如果我們成為爸媽後一直沒有處理當時的情緒，同樣的我們也會壓抑、不允許自己的孩子那樣做，孩子其實非常無辜。難道小時候我們那樣被我們的爸媽對待，有天我們長大了，也理所當然地對孩子作出那些曾經讓我們痛苦的事嗎？然後告訴孩子說：

「我這麼做是為了你好，因為當初我爸爸也是為了我好。」孰不知這是惡性循環。所以我們要看的，就是自己不好的情緒是怎麼產生的，「察覺大人自

己的情緒」是親子教養裡很重要的一個關鍵。

業師父 這倒是真的，我發現來我們拳館的父母跟孩子發生衝突時，父母的情緒常常高於孩子，尤其在孩子做錯事、或沒有達到父母預期的時候更是如此。

有次兩個孩子，在練拳時因為一件小事，發生了一點肢體衝突，我把他們因情節輕重而各自處罰，處罰完他們還是像平常一樣玩在一起，好像從來沒發生過什麼事。事後將雙方父母請到我辦公室，讓他們瞭解當時的狀況以及我的處置情形，沒想到雙方父母的情緒反而比孩子更高漲，互相指責彼此孩子的不是，甚至差點大打出手，還好拳館裡助手多，才把場面控制住，但在辦公室外的兩個孩子，卻親眼看見雙方父母那麼激烈的衝突與情緒的失守。

糖老大 是啊，孩子的情緒反應，大多都是父母的複製、貼上，所以人家都說孩子就像是父母的鏡子，反射出父母的模樣。所以還是那句話，想要好好的跟孩子溝通，就要好好地從情緒管理開始做起。大人只要管不住自己的情緒，不管直接或是間接，都有可能會傷害到孩子的身心靈。也會講出很多的毒性教條來毒害孩子，例如：

「你給我滾出去，我們家沒有你這樣的孩子！」

「你這麼笨，我怎麼會生出你這樣的小孩！」

「只會惹我生氣，生隻豬都比你強！」

業師父 這些話講的真的很重，也都是情緒性的話語，孩子聽到的當下一定很受傷。

糖老大 不只當下，孩子這輩子都有可能壟罩在這樣的陰影中，無法自拔。當我們做爸媽的不斷批判孩子這個做不好、那個做不對的時候，孩子的心都在滴血。但是我也常常告訴為此而後悔及自責不已的爸媽們，不需要太苛責與批判自己，因為我們自己也都是從受傷中長大的，只要我們願意學習，一切都來得及，孩子永遠願意再給自己的爸媽一次的機會。

業師父 聽到你最後這句話，真的很感慨，我們身為父母總以為自己已經非常寬宏大量的願意包容、體諒孩子的種種不是。但事實上，孩子才最包容我們對他們的傷害、逼迫，不管我們怎麼對他們，他們對父母的愛，才是真正的「無條件」。想到這裡，就覺得我們為什麼還要去惹孩子的氣呢。

糖老大 是啊，為什麼我們要惹兒女的氣呢？為什麼我們不允許孩子的看法、做法和我們不一樣呢？為什麼我們處處要跟兒女作對呢？甚至會用自以為是的權柄去威脅孩子：

「你竟然敢頂嘴，翅膀長硬了嗎，信不信我揍你！」

「敢考低於八十分試試看，學費就給我自己繳！」

其實這些台詞以前都是我曾經講過的，也讓我一直後悔不已、也曾批判過自己，還好我生命的導師，安熙教練總是安慰我說：

「糖老大，你的過去不是你的錯，因為你也是從受傷的孩子長大的。你從來沒有從父母得到過的，當然不知道要如何給孩子；從來沒有被父母允許，當然也不知道要怎麼允許自己的孩子。慢慢學習改變，沒關係，我都會一路陪著你。」

業師父　真羨慕糖老大有一個那麼有智慧的教授，難怪你會變得那麼不一樣。

糖老大　安熙教練真的很有智慧，他還教我學著練習安靜，自己與自己對話。我在對話中，才發現當初自己的小時候也是被罵也不能頂嘴，被打也不能哭，因為哭是一種懦弱的表現，這樣的情緒一直沒人看見，自己也吞了下來，以為人要往未來看，拋開過去。但這樣長久以來累積的情緒，總會在我面對自己小孩的時候爆發，而自己卻不知道為了什麼，直到我願意開始安靜的面對自己，了解了當初自己的情緒，接受了當時受傷的自己，放下了當初對父母的

情緒，才得到了現在更好的關係。

業師父　就是你常說的：「瞭解、接受、放下、得到」

糖老大　是的，沒錯。

靜而後能定

業師父　你剛剛說的安靜，是一般所謂的靜坐、靜心嗎？

糖老大　大致上可以這麼說，只要找個舒服的空間、姿勢，都可以安靜。我們的腦子會發射出腦波與宇宙做連結，思考、工作的時候會產生所謂的 Beta 波，會讓人提高效能，卻會產生緊張感；而安靜的時候，會產生 Alpha 波，Alpha 波則可以與自己的潛意識做連結，所以深埋在潛意識的過去，可以藉由安靜的過程中，療育、陪伴自己。

我覺得，想要教養好自己的孩子，首先就是要去醫治自己曾經破碎的那顆心。如果那顆破碎的心沒有被醫治、瞭解、看見、與陪伴，我們就永遠沒有辦法學好教養孩子這一門功課。好好安靜、察覺、冥想自己小時候，有沒有什麼痛苦、辛苦、不被人所知的一面，然後陪伴那個受傷的內在小孩，重新找

到自己的好能量，有了好能量，對孩子自然產生好的影響，孩子自然不需要我們那麼煩惱與操心。

業師父　有道理，這樣的方式一定很有用。我想如果在我們拳館開一堂「安靜」的課，糖老大來當我們的教練，有了你的指導，孩子們除了外在身強體健外，內在也會柔軟堅強，不知道你是不是願意？你同意的話那就太好了。

糖老大　喔！如果有這個機會，我當然是義不容辭囉。但…我有個不情之請，不知道業師父能不能同意？

業師父　糖老大儘管說，我能做到的一定沒問題。

糖老大　就是正好最近跟孩子討論想去你們拳館學拳防身，不知道是不是可以有些折扣呢？

業師父　什麼折扣不折扣，我跟你學了那麼多，都沒付學費呢。只要你們來，我一定免費親自教課。

糖老大　那真是太好了，我就先謝謝你囉。

　　之後，糖老大與業師父還有了更多的對話與討論，越來越深刻，也越來越寬廣，從親子教育的範疇，延伸到更多關於生活與生命的道理……

教養相對論：先懂孩子再懂教，當葉問遇到唐老大會問的 13 個教養難題

作　　　者／黃正昌、董胤程
美 術 編 輯／洪翊翔、黃昱潔
責 任 編 輯／華　　華
封 面 插 畫／薛榮貴
封 面 設 計／黃昱潔
企畫選書人／賈俊國

總 編 輯／賈俊國
副 總 編 輯／蘇士尹
行 銷 企 畫／張莉榮・廖可筠・蕭羽猜

發 行 人／何飛鵬
法 律 顧 問／元禾法律事務所王子文律師
出　　　版／布克文化出版事業部
　　　　　　台北市中山區民生東路二段 141 號 8 樓
　　　　　　電話：(02)2500-7008　傳真：(02)2502-7676
　　　　　　Email：sbooker.service@cite.com.tw
發　　　行／英屬蓋曼群島商家庭傳媒股份有限公司城邦分公司
　　　　　　台北市中山區民生東路二段 141 號 B1
　　　　　　書蟲客服服務專線：(02)2500-7718；2500-7719
　　　　　　24 小時傳真專線：(02)2500-1990；2500-1991
　　　　　　劃撥帳號：19863813；戶名：書蟲股份有限公司
　　　　　　讀者服務信箱：service@readingclub.com.tw
香港發行所／城邦（香港）出版集團有限公司
　　　　　　香港灣仔駱克道 193 號東超商業中心 1 樓
　　　　　　電話：+852-2508-6231　　傳真：+852-2578-9337
　　　　　　Email：hkcite@biznetvigator.com
馬新發行所／城邦（馬新）出版集團 Cité (M) Sdn. Bhd.
　　　　　　41, Jalan Radin Anum, Bandar Baru Sri Petaling,
　　　　　　57000 Kuala Lumpur, Malaysia
　　　　　　電話：+603- 9057-8822　　傳真：+603- 9057-6622
　　　　　　Email：cite@cite.com.my
印　　　刷／卡樂彩色製版印刷有限公司
初　　　版／2019 年 06 月
售　　　價／新台幣 300 元
I　S　B　N／978-957-9699-89-1